Entdecken Sie Bangkok! ....
Armut und Reichtum, Hektik und Ruh…
Eine traditionell asiatische und eine modern westliche Gesellschaft

Was schauen wir an? **15**
Für jeden Geschmack etwas: prunkvolle Wats, kuriose Märkte, witzige Stadtviertel

Zwei Stunden im Museum **35**
Die halbe Stadt lockt mit Besichtigungen. Aber auch die Museen haben einiges zu bieten: königliche Barken, Buddhas und Goldschätze

Wohin gehen wir essen? **39**
Ob in Garküchen oder Nobelrestaurants, ob einheimisch, chinesisch, indisch oder japanisch – in Bangkok schmeckt es immer

Shopping mit Pfiff **51**
Fälschungen und Originale, Antiquitäten und traditionelles Handwerk, Seide und Schmuck: In Bangkok kann jeder einkaufssüchtig werden

Traumhaft schlafen **61**
Noble Luxusherbergen und schlichte Unterkünfte. Bangkok hat für jeden Geldbeutel ein passendes Bett

Bangkok-Kalender **71**
Drachenwettkämpfe, Lichterspiele und Mönchsprozessionen – Bangkoks Feste muten immer exotisch an

Am Abend gehen wir aus **79**
Urige Jazzlokale, witzige Kneipen, moderne Diskotheken. Das Nachtleben in Bangkok wird immer vielseitiger und hat für jeden Geschmack interessantes zu bieten

Spaziergänge in Bangkok **86**

Von Auskunft bis Zoll **91**
Hier finden Sie kurz gefasst die wichtigsten Adressen und Informationen für Ihre Bangkok-Reise

Bloß nicht! **98**
Wo Touristen auftauchen, blüht auch der Nepp. Aufpassen ist immer angesagt

Thai zum Zeigen **99**

Sprachführer Thai/Englisch: Sprechen und Verstehen ganz einfach **103**

Cityatlas Bangkok **109**

Register **118**

Was bekomme ich für mein Geld? **120**

Entdecken Sie Bangkok!

Armut und Reichtum, Hektik und Ruhe. Eine traditionell asiatische und eine modern westliche Gesellschaft

Im ersten Augenblick werden Sie diese Stadt als so tropisch schwül empfinden, dass Sie das dringende Gefühl überwältigt, sich im Swimmingpool erfrischen zu müssen. Am Flughafen ist um Sie herum Menschengewimmel, Geschrei, Autolärm, Verkehrs-Chaos. Die Abgase von 2,5 Millionen Autos lasten als Smogglocke über der Stadt. Dann taucht man ein in den mit acht Millionen Menschen bevölkerten Schmelztiegel der Nation. In Bangkok lebt rund ein Siebtel der Gesamtbevölkerung Thailands.

Sie spüren das besondere Flair der Stadt, das Charisma, die Widersprüche. Viele sind von Bangkok fasziniert; andere sind froh, dieser undurchsichtigen Stadt entfliehen zu können. Undurchsichtig ist schon die Bevölkerungszusammensetzung: Thais, Inder, Laoten, Khmer, Koreaner, Burmesen, Bergstämme, Europäer, Japaner, Amerikaner – sie alle leben meistens friedlich nebeneinander, wenn auch nicht miteinander. Nicht zu vergessen die Chinesen. Viele Geschäfte, Dienstleistungsunternehmen, Banken sind fest in ihrer Hand. Spazieren Sie einfach mal durch die Yaowarat Road in Chinatown. Ein Goldgeschäft reiht sich an das nächste. Geld und Gold im Überfluss.

Für den Wat Phra Kaeo, den Königstempel und alle ihn umgebenden Sehenswürdigkeiten sollten Sie viel Zeit einplanen

Dicht beieinander liegen Armut und Reichtum, Hektik und Ruhe, Glanz und Elend, eine traditionell asiatische und eine modern westliche Gesellschaft. Die Luft ist voller verführerischer Gerüche der Garküchen, die an Straßenecken und Plätzen mit gegrillten Hühnchen oder duftenden Curries locken. Dazu der beißende Gestank verschmutzter Luft. Bangkok ist eine verrückte Stadt: ein Museum der Vergangenheit mit pompösen Glas- und Marmorpalästen, mit der Märchen- und Fabelwelt der Tempel; aber es ist auch eine postmoderne Business-Stadt mit leuchtenden Neonreklamen und quirligem Treiben, denn 90 Prozent des

Außenhandels laufen über die Hauptstadt. Abgesehen von den gewaltigen Einnahmen aus dem Tourismus bezieht Thailand seine Devisen aus dem Export. Zentrum ist Bangkok. Es gibt eine florierende Ausfuhr von Ananas, Orchideen, Schaltieren, Reis, Zinn, Kautschuk und elektronischen Bauteilen.

Gegensätze prägen das Stadtbild. Glattrasierte Mönche in orangefarbenen Roben, mit Sammelschalen in der Hand, stehen neben Geschäftsleuten im Nadelstreifenanzug, die ihren Aktenkoffer umklammern. Beiden wird Respekt entgegengebracht. Dem Mönch, weil er als Besitzloser die Lehre Buddhas studiert und deshalb angesehen und verehrt wird. Dem Geschäftsmann aus profanen Gründen, weil er Reichtum, Macht und Erfolg verkörpert.

Am Chao-Phraya-Fluss stehen kleine Holzhäuschen dicht gedrängt neben in den Himmel ragenden Wolkenkratzern mit 40 Stockwerken. Männer und Frauen waschen sich im Fluss, schöpfen Trinkwasser, spülen ihr Geschirr. Machen Sie eine Fahrt mit einem der Klong-Boote, und schauen Sie den einfachen Familien beim Alltagsleben zu. Am Fluss liebt, lebt und stirbt man. Der österreichische Reiseschriftsteller Ernst von Hesse-Wartegg schreibt 1899 über Bangkok: »Alles ist ebenes angeschwemmtes Land, ein Werk des großen Maenam, der hier, wie der Nil in Ägypten, das Land befruchtet und zeitweilig nebst einem großen Teil der Stadt unter Wasser setzt. So sind auch die Menschen, die hier wohnen, eine Art Amphibien geworden. Die auf dem Festlande hausen, bringen ihr halbes Leben auf oder im Wasser zu; die auf dem Wasser wohnen, ihr ganzes…«

Das andere Bangkok. Gutbetuchte Thais fahren im vollklimatisierten, blankgeputzten Mercedes zum nächsten Geschäftsabschluss. Das deutsche Auto ist nach wie vor Statussymbol reicher Thais, trotz 400-prozentiger Importsteuer. Am liebsten hat man es mit Autotelefon. Der erfolgreiche Geschäftsmann zeichnet sich auch

Der Chao Phraya, noch immer eine Lebensader der Stadt

in Bangkok durch die Mitführung eines mobilen Telefons aus. Allzeit bereit, allzeit im Business. So ein Leben wird mit 20000 Mark versüßt; der einfache Arbeiter fristet mit 140 Mark im Monat sein Dasein. Trotzdem, immer mehr Landbevölkerung strömt, gezwungen durch Armut, in diesen Moloch von Stadt. Hoffnung auf Arbeit, auf Geld. Eine Hoffnung, die meistens enttäuscht wird.

Zwar boomt Bangkok, aber das Leben in der Stadt wird immer teurer. Die Grundstückspreise steigen stetig, und die Mieten werden für den Durchschnittsverdiener immer unerschwinglicher. Statt im eigenen kleinen Haus wohnen die Landflüchtlinge oft zu mehreren in winzigen Zimmern oder Apartments der anonymen Wohnblocks. Oder sie nächtigen als Straßenschläfer rund um den Hauptbahnhof. Die Reichen hingegen träumen in kleinen Palästen mit großen Parkanlagen, beschützt von hohen Mauern, Kameras und Sicherheitspersonal. Bummeln Sie durch das Dusit-Viertel, und erhaschen Sie ein Stück vom Lebensalltag der Reichen.

Das Recht des Stärkeren herrscht überall und ist am deutlichsten auf der Straße zu erkennen. Bus und Schwertransporter verdrängen Minibusse und Pkws. Motorräder und Tuk-Tuks scheuchen Fußgänger von der Straße. Selbst an einem Fußgängerübergang kostet es anfangs reichlich Überwindung, den Fuß auf die Straße zu setzen.

One Night in Bangkok wurde schon im Musical »Chess« besungen. Und man kann nicht über Bangkok schreiben, ohne den Sextourismus anzusprechen. Der Sexboom begann Mitte der 60er Jahre, als amerikanische Soldaten in Bangkok Urlaub vom Vietnamkrieg machten. Später wurden sie von den Touristen abgelöst, die mit den »Tripper-Clippern«, wie sie ironisch bezeichnet wurden, einflogen. Rund 300000 Prostituierte arbeiten in Bangkok. Die meisten stammen aus den armen Regionen des Landes. Hier gehen die Zuhälter auf Mädchensuche. Sie versprechen Eltern und Töchtern einen guten Job, aber stattdessen landen die Mädchen in einem Bordell und müssen dort ihren Kaufpreis »abarbeiten«. Da sich immer mehr Touristen vor Aids fürchten und daher nach immer jüngeren Mädchen verlangen, hat sich das Problem der Kinderprostitution verschärft. Die Regierung versucht durch drastische Strafen die Situation in den Griff zu bekommen und dem verhassten Image, eine Oase für sexsuchende Männer zu sein, entgegenzuwirken. »Sextouristen«, verkündete Mechai Viravaidya schon 1991 als damaliger Chef der thailändischen Tourismusbehörde TAT, »sind hier nicht länger willkommen.« Zwar gibt er zu, daß der Fremdenverkehr die größte Devisen-Einnahmequelle des fernöstlichen Königreichs ist, aber er sagt trotzdem: »Das Land braucht kein Geld aus solchen Geschäften.«

Frauen haben es in Thailand nicht einfach. Ihr Status und Prestige ist geringer als das der Männer. Ein thailändisches Sprichwort vergleicht die Frauen mit den Hinterbeinen eines Elefanten. Wohin das Haupt, nämlich der Gebieter Mann, sich wendet, dorthin müssen die Hinterbeine, also die Frauen, folgen – bis der Mann seine Frau wieder loswerden möchte. Scheidungen sind unproblematisch. Gesetzliche Unterhaltszahlungen, die vom Staat eingetrieben werden, gibt es nicht. Deshalb müssen viele geschiedene Frauen ihre Kinder ohne Unterstützung alleine versorgen.

Benachteiligt sind Frauen auch, wenn es um Schul- und Hochschulbildung sowie Lohnforderungen geht. Trotzdem bekleiden viele Frauen im Geschäftsleben hohe Positionen, arbeiten im Management. Es gibt wohl kaum eine Bank, ein Reise- oder Exportbüro, ein Hotel oder ein Geschäft, in dem man nicht einer gut englisch sprechenden Frau begegnet. Dieser scheinbare Widerspruch ist einfach zu erklären: Früher galten Jobs im Handel oder bei Banken als minderwertig. Deshalb überließen die Männer diese Aufgaben freiwillig den Frauen und strebten lieber Positionen im Staatsdienst an, in dem Frauen nach wie vor kaum vertreten sind. Trotzdem ist gerade in Großstädten wie Bangkok zu beobachten, dass die Emanzipation der Frauen deutliche Fortschritte macht.

Vorbild für alle ist Königin Sirikits Tochter, Prinzessin Djuraporn, die als promovierte Chemikerin Vorträge an Universitäten in allen Ländern hält. Tradition contra Moderne – viele Frauen in Bangkok sind nach wie vor der Tradition verhaftet, wenngleich sie heute etwas großzügiger ausgelegt wird. Eine Thailänderin aus gutem Hause soll unberührt in die Ehe gehen und nie in der Öffentlichkeit Zärtlichkeiten austauschen.

Gehen Sie in das neue thailändische Amüsierviertel der Stadt, die Gegend um Soi Sarasin und Soi Lang Suan, und sehen Sie den Yuppies zu, wie sie sich bei Livekonzerten und Jazzmusik amüsieren. Liebespaare aber halten Abstand, vielleicht eine zärtliche Geste, eine scheue Berührung. Dagegen viel Sex, Fleisch, Fummeln und Knutschen in den Vergnügungszentren für Touristen wie Patpong. Kein Wunder, dass das Bild entstanden ist, alle thailändischen Mädchen seien der schnellen Lust nicht abgeneigt.

Der rapide Bevölkerungszuwachs ist das Hauptproblem der Stadt. Der Trinkwasserbedarf steigt, durch Tiefenbohrungen ist es zu einem Absinken des Grundwasserspiegels gekommen. Bangkok sackt in sich zusammen. Es sinkt bis zu 10 Zentimeter pro Jahr. Von Mai an, wenn der Südwestmonsun schwere Regenwolken über die Stadt schickt und es im September manchmal fast ohne Unterbrechung aus dem grauen Himmel prasselt, so dass die Gullis die gewaltigen Wassermassen nicht

Problem: thailändische Namen

Die Schreibung thailändischer Namen ist problematisch und schwer zu vereinheitlichen, da man voneinander abweichende Versionen auch in verlässlichen thailändischen Quellen findet.

mehr fassen können, stehen oft ganze Straßen oder Stadtviertel unter Wasser. Dann wird Bangkok wieder zum »Klein-Venedig«, und statt zu Fuß oder mit dem Auto, paddeln Geschäftsleute in kleinen Booten die Straßen hinunter. Und noch ein weiterer Vergleich mit Venedig trifft auf Bangkok zu: Eine Rettung der Stadt ist nicht in Sicht. Aber wenigstens eine Rettung vor dem Verkehrschaos. Die S-Bahn ist im Bau, und seit Anfang 1999 wird für eine U-Bahn gegraben. Die ersten Züge werden voraussichtlich zu Beginn des Jahres 2002 durch die Schächte rollen. Bereits fertig ist die neue Autobahn, die sich auf Pfeilern vom Flughafen hinein in die Stadt schlängelt. Allerdings trägt sie nicht gerade zur Verschönerung des Stadtbildes bei – ebenso wenig wie die Trassen für die elektrische Hochbahn.

Die Stadt der Gegensätze zeigt jedem Touristen das Gesicht, das er sich sucht. Rund 7 Millionen Besucher verzeichnet Thailand jährlich. 1,2 Millionen davon kommen aus Europa, wobei die Touristen aus Deutschland mit rund 343 000 an der Spitze stehen. Die meisten sind wenigstens ein paar Tage in Bangkok, zum Shopping in den großen Einkaufszentren und auf den Märkten. Es gibt schwimmende Märkte, Morgenmärkte, normale Märkte, Nachmittagsmärkte, Abend- und Nachtmärkte. Besuchen Sie den Wochenendmarkt mit seinen über 5000 Geschäftsparzellen, den Blumenmarkt oder den Nachtmarkt in der Patpong Road. Fast alles ist zu haben, fast alles ist billiger als in Europa. Von schönen Lederarbeiten, Kunstgegenständen, Seide bis hin zu den unsäglichen Kopien. Vom stark strapazierten Krokodil, über täuschend echte Louis-Vuitton-Taschen bis zur goldglänzenden Rolex. Aber auch hier gilt das Sprichwort: Nicht alles ist Gold, was glänzt. Geschäftstüchtig wie die Thais sind, bieten sie erst mal mit freundlichem Lächeln das gute Stück zum völlig überteuerten Preis an. Nach dem Motto: Man kann es ja mal probieren, einem *farang* ein bisschen mehr Geld aus der Tasche zu locken.

Die Liebe zur Kultur, der Glaube an die Religion hingegen werden in Bangkok gratis befriedigt. Eintauchen in die Geschichte, Eintauchen in die Lehre Buddhas: Der Mensch leidet, weil er nach materiellen Gütern, nach Macht und Einfluss strebt. Nur wenn er seine Begierden überwindet, kann er erleuchtet werden. Das schafft er durch Einsicht, rechtes Wollen, die rechte Rede und das rechte Handeln, den rechten Lebenswandel, das rechte Streben, die rechte Aufmerksamkeit und durch Meditation. Dem Theravada-Buddhismus gehören über 90 Prozent der Bevölkerung an.

Es gibt über vierhundert Wats in Bangkok: Orte, an denen man Buddha verehrt, aber auch Zuflucht sucht. Ein Wat ist Zentrum des spirituellen und geistigen Lebens. Meistens schließt die Tempelanlage eine Schule ein, manchmal auch eine Krankenstation, Apotheke und Sportanlagen. Die Architekten haben sich zu allen Zeiten auf diese religiösen Bauwerke konzentriert. Sie haben Elemente aus Indien, China oder Kambodscha über-

Überall im Wat Phra Kaeo stehen prächtig geschmückte Fabelwesen; hier ganz vergoldet ein anmutiges Vogelmädchen – Kiuaree genannt

nommen und zu einem neuen Stil gewandelt. Gehen Sie zum Tempel der Morgenröte, Wat Arun, und genießen Sie im Morgenlicht den Blick auf den Fluss und die Tempelanlagen. Oder ruhen Sie sich im Garten des Marmortempels, Wat Benchamabophit, vom Besichtigungsstress aus. Beobachten Sie, wie die Thais ihrem Buddha Räucherstäbchen und Blumen darbieten und auf der anderen Seite dem Hausgeist im Geisterhäuschen Speisen, Getränke und Blumen opfern. Glaube und Aberglaube liegen hier dicht beieinander.

Der buddhistische Glaube erklärt auch die Freundlichkeit und das Lächeln, das jeden Besucher beeindruckt. Nach dieser Lehre ist der Mensch für sein Schicksal selber verantwortlich. Ist er gut und freundlich, kann er in der nächsten Inkarnation ein besseres Dasein erhoffen.

Die Geschichte dieser faszinierenden, widersprüchlichen Stadt ist jung. Bangkok ist über 200 Jahre alt. Dort, wo heute die Metropole steht, war vor 1500 Jahren nur Meeresboden in einer seichten Bucht im Golf. Monsunregen schwemmten große Mengen Ackerland mit dem Fluss Chao Phraya zum Meer, und aus dem Schwemmland bildeten sich kleine flache Inseln. Felder, Äcker und ein kleines Dorf mit unzähligen Kanälen entstanden. *Bang* bedeutet Dorf, *kok* heißt eine Mischung aus Pflaumen und Oliven. Denn diese Früchte wuchsen hier. Seit 1350 war Ayutthaya Hauptstadt und im 17. Jahrhundert eine der reichsten Städte Asiens. Der heutige Stadtteil *Thonburi* war Zollhafen und Umschlagplatz für die Handelsschiffe aus China und Europa. 1767 wurde Ayutthaya von den Burmesen fast völlig zerstört, danach blieb das Land bis 1782 ohne wirkliche Hauptstadt. Erst nachdem König Taksin wegen Wahnsinns zum Tode verurteilt wurde, gründete der nachfolgende König die neue Hauptstadt: Bangkok.

Rama I. war der erste König der noch heute regierenden Chakri-Dynastie. Seine Regierungszeit dauerte von 1782 bis 1809. Er wollte eine Hauptstadt schaffen, die dem früheren Glanz von Ayutthaya in nichts nachstand.

Und Bangkok lag strategisch günstig, vor Feinden geschützt in einer Schleife des Chao Phraya. Rama I. ließ einen neuen Palast bauen. Dafür mussten die Chinesen in den Bezirk Sampeng, das heutige Chinatown, umsiedeln. Denn ihr bisheriger Wohnort war vor Hochwasser und Überschwemmungen sicher. Die Stadt wurde mit einer 4,5 Meter hohen und 10 Kilometer langen Mauer gesichert. Die folgenden Könige errichteten weitere Gebäude, Wats und Paläste, oft im Stil der zerstörten Prunkgebäude von Ayutthaya.

Der Königspalast mit Wat Phra Kaeo, Wat Pho, dem Nationalmuseum und den Ministerien ist auch heute Hauptanziehungspunkt für Bangkok-Besucher. Selbst wenig kunstkundige Touristen sind von der Pracht des Königspalastes und der Wats beeindruckt. Langer Frieden und viele Reformen machten Bangkok zu einer blühenden Handelsstadt. Unter Rama II., er regierte von 1809 bis 1824, kam es zu einer Einwanderungswelle von Chinesen und der thailändischen Landbevölkerung.

Rama IV., König der Erneuerungen und Modernisierung, regierte von 1860 bis 1868. Seit seinem zwanzigsten Lebensjahr war er Mönch und lebte als Abt im Wat Bovornives. Er hatte sowohl westliche Wissenschaften wie auch Sprachen studiert. Rama IV. erließ 500 wesentliche neue Gesetze. Er schaffte die Sklaverei ab, garantierte Religionsfreiheit und pflegte bewusst den Kontakt zu den europäischen Ländern, um der Kolonialisierung zu entgehen. Und er begann mit dem Straßenbau, denn viele ausländische Handelsleute hatten Probleme mit den bis dahin mangelhaften Transportwegen auf dem Wasser.

1869 wird unter Rama V., der 42 Jahre lang herrschte, die erste, acht Kilometer lange, gepflasterte Straße Bangkoks dem Verkehr übergeben, die Thanon Charoen Krung Road, was so viel bedeutet wie »Straße der wohlhabenden Stadt«. Sie führt vorbei an Märkten, Geschäften, zieht sich durch das Gassengewirr von Chinatown bis hin zum historischen Stadtkern. Rund um diese Straße und im Bereich des heutigen Oriental Hotels, der Silom und Sathorn Road, ließen sich die ausländischen Einwohner nieder. Ein Jahr nach der Freigabe der Straße gab es den ersten gedruckten Bangkok-Stadtplan. Er verzeichnet schon damals 80 buddhistische Tempel, vier christliche Kirchen, zwei Friedhöfe und mehrere Moscheen.

Die Marco Polo Bitte

Marco Polo war der erste Weltreisende. Er reiste in friedlicher Absicht, verband Ost und West. Er wollte die Welt entdecken, fremde Kulturen kennen lernen, nicht zerstören. Könnte er heute für uns Reisende nicht Vorbild sein? Aufgeschlossen und friedlich sollte unsere Haltung auf Reisen sein. Dazu gehören auch Respekt vor Mensch und Tier und die Bewahrung der Umwelt.

WWF

Rama V., auch König Chulalongkorn genannt, ließ von einem dänischen Ingenieur die erste elektrische Straßenbahn bauen. Er bereiste das Ausland, um in europäischen und asiatischen Hauptstädten Staatsbesuche zu machen. Das hatte großen Einfluss auf die Gestaltung der Stadt: Bangkok sollte nach seinem Willen ein westliches Antlitz haben. So ließ er die alte Stadtmauer abreißen, schüttete die Wasserwege der Klongs (Kanäle) zu und baute aus den Trümmern Straßen. Seine Vorliebe für Europa können Sie noch im Bereich des Königspalastes, am Chakri Maha Prasad, bewundern. Nach einer seiner Europareisen ließ Rama V. den Palast im Stil der italienischen Renaissance bauen; aber die Traditionalisten am Hofe bestanden auf den für Thailand typischen siamesischen Staffeldächern.

Um die Jahrhundertwende verzeichnete Bangkok schon eine halbe Million Einwohner, 1000 davon waren Ausländer. Der Schriftsteller Joseph Conrad, der im Oriental Hotel nächtigte, schrieb über seine Ankunft in der Stadt vor vielen Jahren: »Da war sie nun, weit ausgebreitet zu beiden Seiten des Ufers, diese orientalische Hauptstadt, die noch niemals einem weißen Eroberer sich hatte beugen müssen; eine weite, breite Fläche aus braunen Bambushäusern, eine Verflechtung von Matten und Blättern – eine Architektur im Gemüsegartenstil.« Wer heute auf der Terrasse des Oriental Hotels sitzt oder im Bücherschrank des alten Hotelflügels stöbert, der Bücher von jedem Schriftsteller beherbergt, der hier mal abstieg, kann einen Hauch vergangener Zeit spüren.

1932 tritt nach einer langen politischen Ruhephase eine entscheidende Veränderung ein. Es kommt zu einem unblutigen Aufstand. Eine Verfassung wird beschlossen: Das Königreich wird in eine konstitutionelle Monarchie umgewandelt, die erste Zivilregierung des Landes installiert. Zwei Jahre später wird die Einehe gesetzlich vorgeschrieben. Ein Aufschrei der Entrüstung geht durch die Bevölkerung. Ein Aufschrei, der ebenso laut ist wie jener 95 Jahre früher, als das Rauchen und der Handel mit Opium durch ein königliches Dekret verboten wurden. 1939 wird das Königreich Siam in Thailand umbenannt. Bangkok wird Hauptstadt Thailands.

Während des Zweiten Weltkriegs wird Thailand von den Japanern besetzt. Sie zwingen die Regierung, den USA offiziell

Umweltschäden

In den Chao Phraya, den Fluss der Könige, werden jeden Tag 140 Tonnen Haushaltsmüll und über vier Tonnen industrieller Abfall gekippt. Nach Schätzungen fällt er bald als Trinkwasserquelle aus. Jeden Tag werden in Bangkok 400 Autos neu zugelassen. Jeder Siebte leidet bereits unter Bronchitis, Asthma und Hautausschlägen. Straßenpolizisten oder Tuk-Tuk-Fahrer mit Atemschutzmasken gehören immer häufiger zum Straßenbild.

den Krieg zu erklären. Die Kriegserklärung wird aber vom thailändischen Botschafter in Washington nie abgeliefert. Amerika verzeiht die Drohgebärde großmütig und schließt Frieden. 1946 folgt der Beitritt zu den Vereinten Nationen, König Bhumibol Adulyadej (Rama IX.) wird der neue Herrscher. Vier Jahre später heiratet er Königin Sirikit. 1969 werden die ersten freien Wahlen abgehalten, die 1971 nach politischen Unruhen vom National Executive Council wieder annulliert werden. Es herrscht Kriegsrecht. Die Stellung des Königs wird nicht angetastet. Zwei Jahre später demonstrieren 400 000 Studenten und Schüler am Democracy Monument, dem Symbol des unblutigen Aufstandes von 1932. König Bhumibol schreitet ein und öffnet der vor den Panzern fliehenden Menge die Palasttore. Er setzt eine zivile Übergangsregierung ein und lässt 1974 eine neue Verfassung verkünden. Seitdem halten immer wieder Militärputsche das sonst so friedliche Königreich samt seiner Hauptstadt in Atem. König Bhumibol wird vom Volk geliebt. Und so wurde ihm 1987 von der Bevölkerung der Titel »Der Große« verliehen. Denn Bhumibol setzt sich für sein Volk ein, finanziert Entwicklungsprojekte aus eigener Tasche und unterstützt die Religionsfreiheit. In der einfachsten Hütte, in jedem Coffee Shop ebenso wie in den Büros der Staatsangestellten findet sich ein Porträt von König Bhumibol und Königin Sirikit. Seit seinem Amtsantritt 1946 hat der König 19 Militärputsche oder gewaltsame Regierungswechsel erlebt. Er war es auch, der das Massaker im Mai 1992 beendete. Zu den Demonstrationen, an denen über 100 000 Menschen teilnahmen, und zu dem Massaker unter den Studenten mit über 65 Toten und vielen Vermissten kam es, als nach Wahlen der ehemalige Militärchef Suchinda Kraprayoon als Premierminister eingesetzt wurde, obwohl er keinen Sitz im Parlament hatte. Die Bevölkerung wollte keinen Mann des Militärs an der Spitze des Staates. Nach Suchindas Rücktritt und einer Verfassungsänderung wurde Chuan Leekpai Premierminister, und nach Wahlen im Jahre 1995, die durch Stimmkauf bestimmt wurden, musste er sein Amt an den Provinzpolitiker Banharn Silpa-archa abgeben. Durch Korruption und die Unfähigkeit einzelner Politiker stehen seit dieser Zeit die Zeichen für die thailändische Wirtschaft auf Talfahrt. Daran änderten auch die Amtsenthebung von Banharn Ende 1996 und neue Wahlen nichts, aus denen Chavalit Yongchaiyudh von der »New Aspiration Party« als neuer Premierminister hervorging. Im Gegenteil: Durch Missmanagement und Korruption stand Thailand 1997 kurz vor dem Staatsbankrott. Seit November 1997 regiert wieder der einzige »anständige« Politiker Chuan Leekpai das Land und versucht mit Hilfe eines 17,2-Milliarden-Dollar-Kredits vom IMF das Land wieder auf wirtschaftlich gesunde Füße zu stellen. Nach dem rapiden Währungsverfall des Baht 1998 scheint sich die Wirtschaft des Landes jetzt langsam wieder zu erholen.

Was schauen wir an?

Für jeden Geschmack etwas: prunkvolle Wats, kuriose Märkte, witzige Stadtviertel

Auf den ersten Blick wirkt Bangkok so unübersichtlich, dass man glaubt, mehrere Wochen zu brauchen, um die Stadt mit ihren vielen Sehenswürdigkeiten einigermaßen zu erforschen. Es gibt alleine über vierhundert Wats. An den meisten großen Straßenzügen und Kreuzungen liegen Märkte und Garküchen; es gibt ein lohnendes indisches und ein chinesisches Viertel.

Am besten teilt man die Stadt in verschiedene Gebiete auf: historisches Zentrum, Chinatown, Indisches Viertel, das Gebiet rund um das Oriental Hotel, das Gebiet der Silom Road, rund um den Siam-Square und Sukhumvit-Road. Wer all das gesehen hat, hat einen guten Überblick über die Stadt bekommen. Zum Trost: Ganz Bangkok zu besichtigen, schafft niemand. Und es heißt laufen, laufen, laufen und nochmals laufen. Denn nur so kann man die Atmosphäre schnuppern. Wichtig ist ein Bummel über einen Früchtemarkt. Kaufen Sie sich exotische Früchte wie Rambutan oder Mangostan zur Erfrischung für zwischendurch. Bleiben Sie an einer Garküche stehen, und atmen Sie den typischen Geruch von Zitronengras, Kokosöl und Koriander ein. Schauen Sie sich die mit Blumen und Räucherstäbchen geschmückten Geisthäuschen an, die Privathäuser, Hotels und Büros vor bösen Dämonen schützen. Gehen Sie auf einen Blumenmarkt, und riechen Sie an Miss Udona Sunshine, der einzigen Orchideenart der Welt, die duftet. Besuchen Sie ein Wat, und beobachten Sie die Mönche bei der Andacht.

Wat Pho, der älteste Tempel Bangkoks und der größte Tempelkomplex Thailands

Es gibt viele Wege, Bangkok zu erkunden. Am schwierigsten ist es mit dem Bus; die sind zwar mit arabischen Ziffern gekennzeichnet, aber der Fahrer spricht nur selten Englisch. Einfacher geht es mit dem Taxi oder den Tuk-Tuks; am angenehmsten wird eine Fahrt mit dem Expressboot übers Wasser sein. Ganz wichtig: immer Kleingeld bereithalten. Schon ein Zwanzig-Baht-Schein macht dem Schaffner beim Wechseln Probleme. Die Haltestelle *Ratchawong* empfiehlt sich für einen Besuch in Chinatown; *Tha Tien* für Wat Pho und auf der anderen Flussseite für Wat Arun; *Tha Chang* für den Königspalast und Wat Phra Kaeo.

Jeder Bangkok-Anfänger sollte bei seiner Stadterkundung mit diesem historischen Zentrum anfangen. Kommt man mit dem Expressboot an, bummelt man über den kleinen Frucht- und Essensmarkt am Anleger zu den schönsten Sehenswürdigkeiten der Stadt. Achtung: Hier warten mit Vorliebe seriös gekleidete Schlepper!

A propos *Wat:* Ein Wat ist das soziale und geistige Zentrum einer Nachbarschaft. Viele sind von Königen gestiftet, und in ihnen ruhen oft ihre sterblichen Überreste. Es gibt Wats, die von Gläubigen oder der Kommune erbaut wurden. Ein Wat ist eine Tempelanlage, die oft in einem eindrucksvollen Park liegt und zu der eine Schule gehört. Ein Wat hat immer mehrere Gebäude. Der *Bot* ist das Allerheiligste. Hier werden Mönche geweiht, hier ist der schönste Buddha-Altar. Der Bot ist von seiner Bedeutung her vergleichbar mit dem Altarraum in christlichen Kirchen. Der *Viharn* ist ein mit Buddha-Figuren geschmückter Andachtsraum. Die Buddha-Figuren sollen an seine Lehren erinnern. Die Wände der Bots und Viharns zeigen in kunstvollen Malereien Episoden aus Buddhas Leben. Manche handeln von Inkarnationen, die eine Seele durchlaufen muss, bis sie end-

MARCO POLO TIPPS FÜR BESICHTIGUNGEN

1 Damnoen Saduak
Ausflug zum Markt auf dem Wasser (Seite 23)

2 Jim-Thompson-House
Fantastische thailändische Kunstsammlung (Seite 17)

3 Königspalast und Wat Phra Kaeo
Eine fernöstliche Märchenwelt (Seite 19)

4 Lumphini Park
Zwischen Wahrsagern und Liebespaaren (Seite 22)

5 Oriental Hotel
Für den Sonnenuntergangs-Drink in Kolonialatmosphäre (Seite 18)

6 Phallusschrein
Hunderte von Phalli für eine Göttin (Seite 18)

7 Sampeng Lane
Eine bunte Straße in Chinatown (Seite 28)

8 Wat Arun
Das Wahrzeichen mit Ausblick auf den Fluss Chao Phraya und Thonburi (Seite 28)

9 Wat Pho
Der Tempel des liegenden Buddha (Seite 29)

10 Wat Sakhet und Golden Mount
Der schönste Blick auf Bangkok (Seite 31)

lich ins Nirwana gelangt, oder sie dienen als eine Art religiöses Lehrbuch für die Bevölkerung, die nicht des Lesens mächtig ist. *Chedi* und *Prang* sind Grab- und Reliquiendenkmäler. Es sind Kuppeln, in denen die Asche der Spender oder Reliquien eingemauert sind.

Wats, die nicht im Palastbezirk liegen, haben auch noch einen Wohnbereich für Mönche: den *Kahan*. Die Mönche in safrangelben Gewändern und kahl geschorenen Köpfen werden von der Bevölkerung verehrt und respektiert. Das wird auch von den Besuchern erwartet. Deshalb dürfen Frauen Mönche auf keinen Fall berühren oder sich gar neben sie setzen.

Und bitte auf die Kleidung achten: Keine Sandalen, keine kurzen Hosen oder Röcke und keine nackten Arme! Sonst gibt es besonders beim Besuch des Königspalasts und Wat Phra Kaeo Probleme.

HÄUSER UND MONUMENTE

Democracy Monument **(111/D 5)**
Es wurde 1932 erbaut und ist Symbol für die konstitutionelle Monarchie. Bei politischen Unruhen finden hier Demonstrationen statt. Für Touristen ist es ein wenig sehenswerter, aber ein markanter Orientierungspunkt in der Stadt. *Zwischen Ratchadamnoen und Klang Rd.*

Erawan-Schrein **(117/D 1)**
Dieser von den Thais besonders verehrte Schrein beschützte früher das Erawan Hotel, das 1988 abgerissen wurde und an dessen Stelle heute das Bangkok Hyatt Erawan Hotel steht. Der Schrein ist dem Gott Brahma geweiht, der das alte Hotel beschützen sollte, nachdem es während des Baus ständig zu unerklärlichen Unfällen kam. Durch dieses besonders große und prächtige Geisterhaus sollten die bösen Geister beschwichtigt werden. Heute legen Thais hier Blumenkränze und andere Geschenke ab, da Gott Brahma den Ruf hat, Wünsche zu erfüllen. *Ratchadamri/Phloenchit Rd.*

Jim-Thompson-House **(112/C 6)**
★Jim, ein gebürtiger Amerikaner, der während des Zweiten Weltkrieges als Geheimdienst-Offizier nach Bangkok kam, verhalf der Thai-Seide zu Weltruhm. Der erfolgreiche, damals 61-jährige Unternehmer verschwand spurlos am Nachmittag des Ostersonntags, als er in den Dschungelgebieten der Cameron Highlands in Malaysia spazieren ging. Das war 1967. Sein mysteriöses Verschwinden machte ihn zu einer Legende. Berühmt und sehenswert sind seine sieben Thai-Häuser, aus Teakholz im klassisch-siamesischen Stil. Sie stammen aus der Nähe von Ayutthaya und wurden, idyllisch am Klong gelegen, wieder aufgebaut. Jetzt beherbergen sie eine fantastische Kunstsammlung: angefangen bei asiatischen Kunstgegenständen bis zum kleinen Palast, in dem die Kinder der Reichen ihre Haustiere unterbrachten, und einem echten königlichen Bett. *Eintritt 100 Baht, Mo–Sa 9–16.30 Uhr, Tel. 215-01 22, Soi 2, Kasem Rd.*

Kamthieng House **(117/F 2)**
Schön anzuschauen, wenn es gerade auf der Strecke liegen sollte.

Das Teak-Holzhaus gehört der Siam Society und ist im typischen nordthailändischen Stil gebaut. Kein Wunder, denn ursprünglich stand es in der Nähe von Chiang Mai und gehörte einer wohlhabenden Familie, deren Nachfahren es 1963 der Siam-Gesellschaft vermachten. 1966 wurde es nach Bangkok transportiert und ist jetzt eine Art Museum. *Do–Sa 9–17 Uhr, Eintritt 20 Baht, Soi Asoke/Sukhumvit Rd.*

Lak Muang **(111/D 5)**

Ein Schrein, der von den Thais verehrt wird und der um den Grund- und Grenzstein der Stadt erbaut wurde. Als offizieller Mittelpunkt der Stadt werden von hier aus alle Entfernungen in der Stadt gemessen. Die Thais glauben, dass hier der Geist und unsichtbare Herr von Bangkok wohnt. Deswegen kommen sie auch mit Blumen und Räucherstäbchen hierhin und bitten um ein glückliches Leben. Ein mit Goldplättchen beklebter Pfeiler aus dem Holz des Chaiyapruk-Baums ist das Hauptheiligtum. Auf einer Bühne vor dem Eingang finden tagsüber klassische Tanzvorführungen statt. *Tgl. 9 bis 17 Uhr, Eintritt frei*

Oriental Hotel **(115/F 4)**

★ Nur wenige können es sich leisten, hier zu schlafen, aber anschauen sollte man es sich auf jeden Fall. Oder zumindest bei einem Drink auf der Terrasse bei Sonnenuntergang die wunderschöne Stimmung genießen. Es ist das erste und älteste Luxushotel Bangkoks. Erbaut wurde es im Jahre 1887. Alles, was Rang und Namen hat, stieg früher hier ab. Von Königen bis zu Schriftstellern wie William Somerset Maugham, Joseph Conrad, Graham Greene, Tennessee Williams oder James Michener. Das renovierte Hauptgebäude, halb Jugendstil, halb Alt-Wiener Eleganz, strahlt heute noch in dem alten Flügel, »Author's Wing«, Kolonialatmosphäre aus. Schön für einen Fünfuhrtee im Schriftstellerflügel oder für einen Sonnenuntergangs-Cocktail auf der Terrasse, mit fantastischem Blick auf das geschäftige Flussleben. Der Neubau des Oriental ist dagegen nicht von anderen Luxushotels zu unterscheiden. *48 Oriental Avenue*

Phallusschrein **(117/E 1)**

★ Der Göttin Chao Mae Tabtim sind hier mehrere hundert Phalli in unterschiedlicher Größe und aus den verschiedensten Materialien geopfert. Das soll kinderlose Frauen fruchtbar machen und Glück bringen. Wer Spaß an dieser skurrilen Sammlung hat, kann einen Besuch des Schreins mit einem erfrischenden Drink im Garten des Hilton International Hotels verbinden. *Gelände des Hilton Hotels, am Klong Sa en Seb*

University of Chulalongkorn **(116/C 2)**

Sie hat den besten Ruf im Land und wurde als erste Universität Thailands von König Vajiravudh (Rama VI.) gegründet. Kein Betonklotz, sondern ein sehr eindrucksvolles Gebäude mit Staffeldächern.

University of Thamasat **(110/C 5)**

Sie gilt als Hochburg für linksgerichtete Intellektuelle. 1976 begann hier der blutig endende Studentenaufstand, als der ehemalige Ministerpräsident Thanom Kittikachorn im Mönchsgewand aus dem Exil zurückkehrte. Die Demonstration wurde vom Militär niedergeschlagen. Dabei kamen rund 50 Menschen ums Leben.

PALÄSTE

Chitralada Palace **(112/B 2–3)**
Eine ehemalige Sommervilla von König Chulalongkorn. Der dazugehörige Park beherbergt die königlichen weißen Elefanten, in den zahlreichen Teichen viele Fische, eine Rinderfarm, eine Versuchsmolkerei und eine agrarische Experimentierstation, eine Art Großexperimentierlabor; für Besucher allerdings gesperrt. *Si Ayutthaya Rd.*

Königspalast und Wat Phra Kaeo **(110/C 6)**
☛ **Stadtplan in der hinteren Umschlagklappe**
★ Man braucht mindestens einen halben Tag, um das 218 400 Quadratmeter große Gelände mit den vielen kleinen Tempeln, Buddhas, Fabeltieren und Kapellen zu besichtigen, es sind über hundert Gebäude und Bauwerke aus zwei Jahrhunderten. Umrahmt ist das ganze Areal von einer 1900 Meter langen weißen Mauer, die 1783 gebaut wurde. Sicher die faszinierendste Sehenswürdigkeit der Stadt. Sechs Meter hohe Dämonen, *jaksa,* bewachen die Portale, Krieger mit Speeren wehren böse Geister ab; die Vogelmenschen, *Kinara* und *Kinaree,* stehen auf den oberen Terrassen; Tempelwächter halten den goldenen *Chedi* (ein Grab- und Reliquiendenkmal) in ihren Händen. Prunk, Gold, eine Märchenwelt, so weit das Auge reicht. Betritt man dieses Areal durch das Haupttor, stößt man zuerst auf das moderne Finanzministerium und das Museum für königliche Regalien und Münzen, Orden, Wappen, Fahnen.

Der Königspalast wurde 1782 von König Rama I. als Residenz und Herrschaftssitz erbaut. Da

In goldenem Glanz präsentiert sich der Königspalast

jeder spätere Chakri-Herrscher nach eigenen Vorstellungen weiterbaute, stellt er heute ein Stilgemisch von Thai-Renaissance bis viktorianisch dar. Fünf Gebäude bilden den Königspalast. Der Chakri Maha Prasad (Nummer 3 nach dem Grundriss im hinteren Umschlag) war bis 1946 Wohnsitz des Königs und wird heute noch für Empfänge genutzt. Er wurde von 1876 bis 1880 von einem englischen Architekten im neoklassizistischen Stil gebaut. Das Dach mit den siamesischen Staffeldächern mutet thailändisch an. Die Erklärung ist ganz einfach. Als Rama V., König Chulalongkorn, von einer Europareise zurückkam, engagierte er

Variationen thailändischer Dächer im Wat Phra Kaeo

britische Architekten und ließ diesen Palast in Erinnerung an seine Reise bauen. Deshalb die italienische Marmorfassade. Das fanden die Traditionalisten am Hof überhaupt nicht komisch und einigten sich, dass das Gebäude wenigstens ein thailändisches Dach bekommt: die drei Türme. Im mittleren befindet sich eine goldene Urne mit der Asche vorheriger Chakri-Könige.

Links davon ist der Amarindra-Vinichai-Saal (9). Früher war hier der königliche Gerichtshof und später das Schlafgemach und die Residenz. Heute fungiert die Halle als Krönungsraum. Jeder neue König verbringt hier traditionell seine erste Nacht nach der Krönung. Die Wände schmücken große Gemälde. Sie zeigen Weltpolitik, beispielsweise wie Napoleon III. eine siamesische Gesandtschaft empfängt, wie Königin Viktoria mit den Gesandten König Mongkuts zusammentrifft oder wie eine Mission König Narais von Ayutthaya von Ludwig XIV. in Versailles begrüßt wird.

Von Rama I. wurde 1789 der weiße Palast Dusit Maha Prasad errichtet. Im Innenraum wurden Audienzen abgehalten. Hier kann man noch einen schwarzen Thron mit Perlmutteinlagen besichtigen. Später wurden in dieser Halle verstorbene Könige feierlich aufgebahrt.

Vor dem Ausgang steht ein kleiner Pavillon: Amporn Phimok Prasad (2). Er diente als eine Art Umkleideraum, denn hier legten die Könige ihre Zeremoniengewänder ab.

Der Sakralbereich ist im Gegensatz zum Palastbezirk im rein asiatischen Stil gehalten. Das Hauptgebäude: das Wat Phra Kaeo. Der Bot beherbergt den smaragdenen Buddha, der auch Emerald Buddha genannt wird. Rama I. ließ diesen Tempel bauen. 1884 wurde er vollendet. Bewacht wird er von *yaksa.* Nach dem Eingangstor kommt man im Tempelbezirk an Wandmalereien vorbei, die Szenen aus dem Ramakien-Epos darstellen, der abgeleiteten thailändischen Version eines indischen Epos. Im Inneren des Bot, des Allerheiligsten, befindet sich der 75 Zentimeter hohe und 45 Zentimeter breite Smaragdbuddha. Er thront auf einem elf Meter hohen Altar. Neben dem anderen Prunk wirkt diese grünliche Skulptur enttäuschend. Aber seinetwegen wurden Kriege angezettelt, denn er gilt als Beschützer des Landes und soll unbeschreibliches Glück bringen. Die Wandmalereien illustrieren die Lebensgeschichte Buddhas, beginnen rechts vom Altar. An der Rückwand ist eine mittelalterliche Darstellung, wie man sich das Universum vorzustellen hat.

Im Norden des Wat-Phra-Kaeo-Komplexes liegt das königliche Pantheon (Prasad Phra Debidorn 20), mit Statuen der ersten acht Chakri-Könige. Sie sind nur an einem Tag im Jahr, dem Chakritag, zu besichtigen. Im Phra Viharn Yod (22) gibt es die älteste Sehenswürdigkeit: den Steinthron Ramkamhaengs, des Gründers von Thailand, das damals Siam hieß (13. Jh.).

Das Tor im Südwesten des Tempelkomplexes führt in den Großen Palast. *Haupteingang am südlichen Ende des Sanaam Luang; tgl. 9–16 Uhr, Pavillons Sa, So geschl. (ordentlich anziehen); nach-*

mittags am besten zu fotografieren; Eintritt 125 Baht, darin: Besichtigung des Vimarnmek-Teakwood-Palastes und der königlichen Münzsammlung, Na Phra Lan Rd., Schiffsanleger: Maharaj und Tha Chang

Suan Pakkard Palast (113/D 5)
Prinzessin Chumbot von Nakhorn Sawan wohnte dort, und der Palast ist immer noch Privatbesitz. Doch fünf Räume sind für die Öffentlichkeit geöffnet, in denen die Kunstsammlung ihres verstorbenen Mannes ausgestellt ist. Skulpturen aus Stein und Bronze, Musikinstrumente, Bronzeschwerter und Wandschirme. Schön ist der Lackpavillon im Garten. Er wurde neben einem Lotusteich gebaut und steht auf den für Thailand üblichen Pfählen. Im Innenraum sind Tausende von Menschen- und Tierfiguren, die Szenen aus dem familiären und religiösen Leben darstellen. *Si Ayutthaya Rd., zwischen Phaya Thai Rd. und Ratchaprarop Rd., Mo–Sa 9–16 Uhr, Eintritt 150 Baht*

Vimarnmek-Teakwood-Palast (112/A 3)
Thais bezeichnen ihn gerne als »die größte goldene Teakholzkonstruktion« der Welt. Der Palast ist vierstöckig, hat 81 Räume und wurde vor kurzem vollständig renoviert. Früher war er Landsitz von König Chulalongkorn, heute ist er eine Art Museum für Gemälde, Schmuck und Möbel. Man bekommt eine gute Vorstellung, wie König Chulalongkorn Ende des 19. Jahrhunderts residiert hat. *Eingang: gegenüber dem westl. Dusit-Zoo-Eingang, hinter dem Parlamentsgebäude, Mi bis Fr 9.30–15 Uhr, Eintritt 50 Baht*

PARKS UND PLÄTZE

Chatuchak Park (O)
Bangkoks neue grüne Lunge, mit Joggingpfad und See für Ruderboote. Gut zum Entspannen nach dem Besuch des Wochenendmarktes. *Tgl. 5–20 Uhr, Paholyothin Rd.*

Lumphini Park (117/D 2–3)
★ Hier verbringen Thais ihre Freizeit im Grünen mit Picknick und Joggen. Hier spielen sie Fußball oder halten einfach ein Schwätzchen. Der Lumphini Park ist die älteste grüne Lunge in Bangkok. Bei Sonnenaufgang kann man Chinesen beim Schattenboxen oder Tai-Chi-Chuan-Übungen beobachten, dazu Klänge chinesischer Musik. In den kleinen Garküchen am Straßenrand gibt es Nudeln zur Stärkung. Am Ausgang verkaufen Händler Schlangenbrutcocktails, die den Mann zum echten Mann machen sollen. Wahrsager und Handleser warten unter schattigen Bäumen auf ihre zukunftsorientierten Kunden. Kinder lassen Drachen fliegen. Liebespaare paddeln in Booten über die Seen. *Tgl. 5.30–20 Uhr*

Rommani-Nart-Park (115/E 1)
Früher saßen hier Sträflinge in ihren Zellen, doch seit 1993 kann man in dem neu angelegten Park ganz »freiheitlich« im Schatten der Bäume relaxen. Die ehemaligen Wachtürme wurden einfallsreich in die Landschaftsarchitektur integriert, und an der Nordseite des Parks, an der Mahachai Road, informiert ein Gefängnismuseum über vergangene Zeiten. Es ist allerdings nur unregelmäßig geöffnet.

Andere Länder – andere Sitten

Die Thais reden sich grundsätzlich mit Vornamen an. Die Äußerung von Gefühlen gilt als unfein. Nur wenn Sie nicht die Geduld verlieren und lächeln, erreichen Sie Ihr Ziel. Kritisieren Sie nicht, denn auch ein noch so dezenter Hinweis auf Fehler wird nicht verziehen. In Tempeln wird diskrete Kleidung erwartet und dass Sie die Schuhe ausziehen. Das gilt auch für das Betreten einer Privatwohnung. Weder ein Thai noch eine Buddha-Statue dürfen am Kopf berührt werden. Auch nicht freundschaftlich, denn der Kopf ist heilig. Als höchst unfein empfinden es Thais, wenn man höher als eine Respektsperson sitzt oder steht. Respektspersonen sind beispielsweise ältere Menschen und Mönche. Unfein ist es auch, wenn man beim Sitzen die Füße in Richtung auf eine Person streckt, Zärtlichkeiten in der Öffentlichkeit austauscht oder barbusig am Swimmingpool liegt. Und kritisieren Sie auf keinen Fall die Königsfamilie. Denn auf König Bhumibol und die Seinen lässt kein Thai etwas kommen.

Sanaam Luang **(110/C 5–111/D 5)**
Übersetzt heißt Sanaam Luang »Platz der Könige«. Die große ovale Grünfläche trägt diesen Namen, weil hier die verstorbenen Könige in speziell dafür errichteten Pavillons verbrannt wurden und werden. Zudem finden hier die wichtigsten königlichen Zeremonien statt, da die Gegend um den Sanaam Luang das geistige Zentrum des Landes darstellt. Im nahen Umkreis befinden sich nicht nur der ehemalige Königspalast, sondern hier glänzen auch die bedeutendsten Wats des Landes, Wat Phra Kaeo und Wat Po um die Wette.

Ruhen Sie sich nach der anstrengenden Besichtigungstour auf der weitläufigen Rasenfläche aus und halten Sie ein Schwätzchen mit den Thais. Handleser, Essens- und Getränkeverkäufer bieten ihre Dienste an. Besonders quirlig geht es hier am Wochenende zu, wenn Gaukler, Schauspieler oder Musikgruppen ihre Künste zeigen oder die Thais Takrao spielen. Das ist ein Gruppenspiel, bei dem ein aus Korb gemachter Ball weder den Boden noch die Hände berühren darf. Jede andere Art des Körpereinsatzes ist jedoch erlaubt. Während der Drachenflugsaison im März und April kann man für ein paar Baht dort Papierdrachen erwerben und sie um die Wette fliegen lassen. Rund um den Sanaam Luang ist Vorsicht vor angeblichen »Studenten« geboten, die in Wirklichkeit professionelle Schlepper sind.

Suan Luang Rama IX. Park **(O)**
Außerhalb der Stadt liegt der botanische Garten, der zum 60. Geburtstag des Königs im Dezember 1987 eröffnet wurde.
Suan Luang, Sukhumvit Rd. 103

SCHWIMMENDE MÄRKTE (DALAAD NAAM)

Damnoen Saduak **(O)**
★ ❂ Der Weg ist weit, rund 100 km, aber er lohnt sich. Bei Son-

Der schwimmende Markt von Damnoen Saduak

nenaufgang paddeln die Marktfrauen mit ihren charakteristischen Strohhüten in winzigen Sampans, das sind schmale Miniboote, zum Markt. Sie verkaufen Früchte, Blumen, Gemüse und gekochte Speisen. Mit Reiseveranstalter als organisierte Tour oder auf eigene Faust mit dem Bus ab *Southern Busterminal; ab 5 Uhr fahren Busse im 20-Minuten-Takt*

Thonburi **(110/B 4–5)**
Die meisten schmalen Kanäle sind zugeschüttet, weil man gepflasterte Straßen brauchte. Früher wurden Obst, Gemüse und andere Nahrungsmittel in kleinen schmalen Klong-Booten verkauft. Der schwimmende Markt von Thonburi hat seine besten Tage längst gesehen. Echte Händler gibt es kaum noch, dafür welche, die an Touristen überteuertes Cola, Bier und Snacks verkaufen.

STADTTEILE

Altstadt **(111/E 5)**
Kernstück und historischer Mittelpunkt der Stadt ist das Gebiet rund um Sanaam Luang, der auch »Platz der Könige« genannt

wird. Im Umkreis liegen viele Wats: Wat Arun, Wat Rajapardit, Wat Phra Kaeo mit dem Grand Palace und Wat Pho mit dem berühmten liegenden Buddha. Außerdem sind das National Museum in der Nähe und der Schrein Lak Muang und das Nationaltheater. Nicht weit zu Fuß ist es in das zweite historische Gebiet rund um Sao Ching Chah, die »Große Schaukel«.

Chinatown **(115/E 2)**

Chinatown wurde 1782 von König Rama I. angelegt. Bis zu ihrer Vertreibung wohnten die Bangkok-Chinesen in dem Gebiet rund um den Königspalast. Chinatown liegt zwischen New und Songwat Road im Norden und Süden, der Chakrawat Road im Westen und der Krung Kasem Road im Osten. Fährt man mit dem Taxi, sollte man als Fahrtziel *Sampeng* angeben, denn die englische Bezeichnung *Chinatown* kennen viele Fahrer nicht.

Die aus Filmen und Romanen bekannten Opium- und Spielhöhlen sind geheimnisvolle Orte der Vergangenheit. Das war einmal. Heute wirkt ganz Chinatown wie ein einziges großes Geschäft. Lärmend. Laut. Überall hängen Geschäftsschilder in chinesischer und thailändischer Schrift. Fast alle Chinesen in Chinatown sprechen, obwohl in Thailand geboren, nur gebrochen Thailändisch. Mit Englisch tut man sich schwer, aber mit Händen und Füßen und ein bisschen gutem Willen kommt man trotzdem klar.

Goldrot glänzende Juweliergeschäfte mit pompösen Eingängen finden Sie an der Yaowarat Road. Im Gegensatz zu Europa wird der Schmuck hier nach Gewicht verkauft. Die Verarbeitung gibt es gratis. Goldschmuck gilt hier als Zeichen von Wohlstand. Je mehr die Frauen damit behängt sind, um so höher sind sozialer Status und Ansehen.

Ruhiger und typischer geht es in den schmalen Seitenstraßen zu. Kleine chinesische Schreine, Wohnhäuser – ein Stück China pur. Sehenswert der *Phutalet Markt* in einer Seitenstraße der Soi Issaranuphap, mit unzähligen Essensständen, die Peking-Ente und chinesische Süßigkeiten anbieten. Wer chinesischen Tee, Heilkräuter, Reiswein, Räucherstäbchen und Vogelnester kaufen möchte oder einfach Lust auf chinesisches Essen hat, kann sich hier lange vergnügen. Preiswerte Elektroartikel gibt es in der Yaowarat Road.

Lohnenswert ist auch ein Besuch in einem der chinesischen Tempel, die völlig anders anmuten als die thailändischen Wats. Der größte der Tempel ist Wat Mangkon an der Charoen Krung Road. Abends kann man hier mit etwas Glück chinesisches Theater sehen.

In der Phlap Phla Chai Road finden Sie Geschäfte und Stra-

Thai-Englisch

Aus *fried fish* wird *lied fiss*. Aus *very sorry* wird *wellii sollii*, aus *tomorrow* wird *tu mollo*. Wenn man nicht gleich versteht, lächeln und es noch mal probieren.

Geschäftiges Leben und der übliche Verkehr in Chinatown

ßenstände, die Häuser, Haushaltswaren, Autos, Geld, Computer und Kleider verkaufen. Allerdings aus Papier. Es sind Kong-Tek-Artikel, Geisterbedarf. Dieses chinesische Begräbniszubehör wird verbrannt, wenn ein Verwandter stirbt, damit er im Jenseits Luxus und Wohlstand genießen kann.

Besuchen Sie unbedingt mal eine Apotheke in der Charoen Krung Road. Die Chinesen sind sehr freundlich. Meistens findet sich jemand, der ein paar Brocken Englisch spricht und die herrlich oder scheußlich duftenden Dinge erklärt. Hier kann man auch Aphrodisiaka und andere Stärkungsmittel kaufen. Geht man etwas weiter, gibt es zahlreiche Foto- und Münzgeschäfte. Nicht zu vergessen im Westen von Chinatown der *Thieves Market* mit spottbilligen Elektroartikeln, allerdings ohne Garantie. *Chinatown, Expressboot bis Anleger Ratchawong*

Dusit-Viertel **(112/B 2)**

Schattige Alleen, schöne alte Villen, eine Gartenstadt mit Eleganz. Und eine der wenigen Ecken in Bangkok, in denen der Verkehr nicht auf die Nerven fällt. Hier wohnen die besser betuchten Thais.

Indisches Viertel (Pahuraht) **(115/D 1)**

Es liegt an der Chakraphet Road zwischen Memorial Bridge und Pahuraht Road. Hier leben Sikhs verschiedener Sekten, die man an den unterschiedlichen Turbanfarben unterscheiden kann: Die Nildhari-Sikhs haben eine blaue und die Namdhari eine weiße Kopfbedeckung. Es sind die wohlhabendsten Inder in diesem Viertel. Schlechter geht es dagegen den Hindus. Sie verrichten niedrigere Dienste, verkaufen Essen oder Zeitungen. Außerdem leben traditionell viele Vietnamesen in diesem Viertel. Sie waren die ersten, die sich im 19. Jahrhundert hier ansiedelten, nachdem Rama I. dem vietnamesischen König bei der Niederschlagung eines Aufstandes geholfen hatte.

In den schmalen Seitenstraßen der Chakraphet sind viele kleine Basare. Hier kann man vor allem hervorragend indisch essen und Kleiderstoffe, Saris, Schmuck, Taschen, indische Süßigkeiten, Betel und Gewürze kaufen. Schön sind der indische Markt in der Pahuraht Road und der zweitgrößte Tempel der Sikhs außerhalb Indiens, der *Siri Guri Singh Sabha.* Er besteht fast vollständig aus Marmor und hat eine große goldene Kuppel. Der Tempel wurde erst 1987 fertig gestellt, die angefallenen 100 Millionen Baht Baukosten von wohlhabenden Sikh-Geschäftsleuten in Thailand gespendet.

Siam Square **(116/C 1)**
Ein gutes Einkaufsviertel der Stadt mit vielen Shoppingarkaden und Billigmärkten. Hier liegen auch die großen Einkaufscenter wie Siam Center mit 150 verschiedenen Modeboutiquen, Boonkrong Center und Tokyu Department Store. Abends ab 20 Uhr sind viele Straßenhändler auf der Rama I Road.

Thonburi **(110/B 4–5)**
Gebiet westlich des Chao-Phraya-Flusses. Im 17. Jahrhundert war es die Schwesterstadt von Bangkok, das damals nur aus ein paar Menschen, Wats und Obstbäumen bestand. Thonburi dagegen war Zollhafen und Umschlagplatz für europäische und chinesische Schiffe. Heute gibt es hier außer Wat Arun und den königlichen Barken viele Kanäle zu besichtigen. Hier ist das Leben ruhiger, man kann das Alltagsleben am Wasser beobachten, am besten vom Boot aus. Pfahlhäuser an den Uferböschungen, Kinder und Erwachsene, die im Fluss baden, die Hausfrau, die unbekümmert Trinkwasser schöpft, während ihr Mann sich daneben die Haare wäscht.

Viel Verkehr und Geschäfte dagegen am *Taksin* Platz mit einer Statue von König Taksin. Westlich von Taksin findet frühmorgens der schwimmende Markt von Thonburi statt, der aber nur noch Touristennepp bietet.

STRASSEN

Khao San Road **(111/D 5)**
Hier treffen sich Rucksacktouristen aus aller Welt und wohnen in den billigen Gasthäusern, in denen man schon für 150 Baht ein Bett bekommt. Die Straße ist kurz, aber allein hier gibt es mindestens 40 Gästehäuser. Weitere in den Seitengassen.

New Road/
Charoen Krung **(115/D–E 1)**
Endlos lang, sie war die allererste Straße in Bangkok. Rama IV. hat sie entlang einem ehemaligen Elefantenpfad gebaut. Die Straße wechselt ständig ihr Gesicht. In Höhe Oriental Hotel und General Post Office wohnen viele Inder und Pakistani. Deshalb gibt es auch viele entsprechende Restaurants. In den Geschäften werden Seide, Schmuck und Antiquitäten angeboten. Die Straße führt weiter nach Chinatown, entsprechend mutet sie an. Chinesische Medizin, Elektronik- und Fotogeschäfte.

Sampeng Lane **(115/E 2)**
★ Schönste Straße durch Chinatown mit vielen Heilkräuter- und Medizinshops. Hier fühlt man sich nach China oder Hongkong versetzt. In der Seitenstraße Soi Waniti ist ein witziger Essensmarkt. Hier gibt es von Früchten über Garnelen bis zur Peking-Ente alles, was der Magen begehrt.

Silom Road **(116/A 4–C 3)**
Schön für einen Geschäftsbummel. Viele Seidengeschäfte, Schneider, indische Restaurants, auch in den kleinen Seitenstraßen. Abends Straßenhändler.

Soi Sarasin/
Soi Lang Suan **(117/D 2)**
Kleine Straße an der Nordseite des Lumphini-Parks. Hier hat sich ein neues Vergnügungsviertel der ganz anderen Sorte entwickelt. Keine Go-go-Bars, dafür viele Musiklokale. Hier vergnügen sich die thailändischen Yuppies und Intellektuellen. Bekannteste Livemusikkneipe ist das *Brown Sugar.* In einer Seitenstraße der Soi Sarasin, der Soi Lang Suan, ist ebenfalls eine neue Musikszene entstanden. Am bekanntesten hier das *Round Midnight.*

Sukhumvit Road **(117/E 1–F 2)**
Typische Touristenstraße, endlos lang mit über hundert Seitenstraßen. Viele Pauschaltouristen wohnen in den Hotels, die sich rund um diese Straße angesiedelt haben. Vergnügungslokale zwischen Soi 21 und Soi 23, mit vielen Go-go-Bars in dem Rotlichtbezirk der Soi Cowboy. In Soi Nana (Soi 4) gibt es ein großes Vergnügungscenter mit zahllosen Bierlokalen und Go-go-Bars, die sich auf zwei Stockwerke verteilen. Ansonsten finden Sie hier viele Schneider und Straßenhändler, die fast alle die gleichen Produkte anbieten. Außerdem gibt es unzählige Restaurants, auch europäische.

TEMPEL UND WATS

Wat Arun **(114/C 1)**
★ Der Tempel der Morgenröte mutet chinesisch an. Seine Silhouette erscheint im Wahrzeichen des staatlichen Reisebüros. Der mittlere Tempelturm, Prang, ist von vier weiteren kleineren Türmen umgeben. Von einer dreistufigen Terrasse erhebt er sich zu einer Höhe von 86 Metern. Er symbolisiert den Berg Meru, die weltliche Repräsentanz der 33 buddhistischen Himmel. Unterschiedlich gestaltete Dämonen sind die Bewacher: Vogelmädchen, Affen und The-

Respektvolle Begegnung – im Wat Arun

vadas, die mit Kopf und Armen die gewaltigen Türme tragen. Hier wurde eine bauliche Glanzleistung vollbracht. Denn es wurden nicht, wie sonst üblich, für den Baugrund nur Holzstämme in den Morast gerammt, sondern die Stämme wurden gitterartig übereinander gelegt und mit einer Art Zement ausgegossen. Der Tempel liegt auf der anderen Seite des Flusses, im Stadtteil Thonburi. *Fähren gehen von der Tha-Tien-Anlegestelle, tgl. 9 bis 17 Uhr, Eintritt 10 Baht, Westufer des Chao Phraya, Arun Amarin Rd.*

Wat Benchamabophit (112/A 4)
Der Name Wat Benchamabophit bedeutet eigentlich »fünf Prinzen«. Er ist als *der* Marmortempel besser bekannt, aus weißem Carrara-Marmor in klassischem Thai-Stil gebaut, mit chinesischen Porzellanfliesen und florentinischen Glasfenstern. Errichtet wurde er von einem thailändischen Stararchitekten, Prinz Naris, in den Jahren 1899 bis 1910. Der Bot wird von Marmorlöwen bewacht, an den Wänden sind Bilder von den berühmtesten Weihestätten des Landes, wie Ayutthaya und Wawangkhalok. *Tgl. 9–17 Uhr, Si Ayutthaya Rd./Nakhon Pathom Rd., südl. gegenüber vom Dusit-Zoo*

Wat Bovornives (111/D 4)
Viel Grün. Eine Parkanlage zum Entspannen. Der Wat wurde 1827 von Rama III. gebaut. Hier wohnte er auch während seiner 27 Jahre dauernden Mönchszeit. Der Bot enthält wunderschöne Malereien im Stil der venezianischen Schule des 16. Jahrhunderts. Und das, obwohl Künstler Khrua In Khong Thailand nie verließ. Für die Südstaatenvillen und amerikanischen Pferderennbahnen hat er vermutlich Bilder und Postkarten als Vorlage benutzt. *Tgl. 8.30–17 Uhr, Phra Sumen Rd.*

Tempel der Namdhari Sikhs (117/F 2)
Für Indien-Liebhaber sicher interessant, denn hier werden häufig Gemeinschaftsessen der Sikhs, sogenannte *langar,* abgehalten; Gäste werden gerne gesehen, egal welche Religionszugehörigkeit sie haben. *Tgl. 8 bis 18 Uhr, Sukhumvit Rd., Soi 21*

Wat Khaek (116/B 4)
Das bedeutet so viel wie »Tempel der Gäste«. Er wurde von südindischen Einwanderern gebaut und um 1850 fertig gestellt. Dieser Tempel ist der Hindugöttin Umadevi geweiht. Besonders interessant ist ein Besuch am Freitag, denn nach den Betstunden gibt es um die Mittagszeit ein südindisches Essen, bei dem ausländische Gäste willkommen sind. *Tgl. 8–18 Uhr, Silom/Ecke Pan Rd.*

Wat Pho (114/C 1)
★ Der Tempel des liegenden Buddha. Dieser Wat stammt ursprünglich aus dem 16. Jahrhundert und wurde von Rama I. zwölf Jahre lang umgebaut, er ist der älteste Tempel Bangkoks und der größte Tempelkomplex in ganz Thailand, von einer Mauer mit 16 Toren umgeben.

In einer Art Kreuzgang sehen Sie Marmortafeln mit leider stark verwitterten Wandmalereien und Schriften über Astronomie, Heilkunde und Sittenlehre; es ist fast so etwas wie ein Bilderlexi-

Die Hauptattraktion des Wat Pho – der liegende Buddha

kon, das Rama III. für die Bevölkerung anbringen ließ. Hauptattraktion: der liegende Buddha, 46 m lang, 15 m hoch, mit Goldplättchen belegt. Er soll eine Erinnerung an den sterbenden Buddha sein. Vierhundert weitere kleine Buddhastatuen sind zudem auf dem Tempelgelände anzuschauen.

Im östlichen Tempelbezirk ist die Medizinschule, die schon vor 150 Jahren gegründet wurde. Heute praktizieren hier anerkannte Ärzte; die traditionelle thailändische Massage ist hier zu Hause. Für 150 Baht kann man sich mit einer originalen Thai-Massage verwöhnen lassen. *Tgl. 8–17 Uhr, 20 Baht, Chetuphon Rd., südl. vom Grand Palace, Bootsanleger: Tha Tien*

Wat Rajapardit (111/D 5)

Unweit vom Wat Pho, aber längst nicht so bekannt. Aus grauem chinesischem Marmor gebaut. *Tgl. 8–18 Uhr, Rachini Rd.*

Wat Sakhet/ Golden Mount **(111/E5)**
★ Prinzen und hohe Würdenträger wurden nach ihrem Ableben in dem Kloster am Fuße des Hügels verbrannt. Später wurde es der Leichenhof für Sträflinge und Arme, die dort Hunden und Geiern zum Fraß ausgesetzt wurden. Aber das ist heute längst vergessen.

Nichts als Ärger brachte zunächst der künstliche Hügel, der auf Wunsch von Rama I. aufgeschüttet wurde, er stürzte immer wieder unter der Last des goldenen Chedi ein. Im Zweiten Weltkrieg wurde er deshalb im oberen Teil zementiert. Er ist 78 m hoch und ein schöner Orientierungs- und Aussichtspunkt. Allerdings ist der Aufstieg mühsam. Der Goldene Chedi ist meistens geschlossen. *Tgl. 8 bis 18 Uhr, Golden Mount*

Wat Suthat/ Giant Swing **(111/D-E5)**
Vor dem Tempel des Indra-Himmels, der wegen seiner herrlichen Wandmalereien berühmt ist, stehen die Überreste einer riesengroßen Schaukel. Sie wurde für ein hinduistisch-brahmanisches Fest erbaut. Bis 1940 wurden hier Schaukel-Wettkämpfe ausgetragen. Der Siegespreis war ein Sack voller Gold.

Viele chinesische Steinfiguren befinden sich im Innenhof. Der Grund: Wenn thailändische Schiffe von ihren Reislieferungen aus China zurückkehrten, brauchten sie Ballast für ihre Schiffe. Die Chinesen stifteten dafür ihre Gelehrten und Generäle aus Stein.

Der Viharn wird durch vier Pfeiler in drei Schiffe geteilt. Die Fresken zeigen die Geschichte der Einwohner Bangkoks. Auf einer Fläche von 2585 qm stellen sie die größte Wandmalerei Thailands dar. Zwischen 1982 und 1985 wurden sie dank einer Künstlerförderung der Deutsch-Thailändischen Gesellschaft restauriert.

Südlich vom Viharn befindet sich der Bot mit 80 Statuen von Buddha-Schülern in vier Hautfarben: weiß, braun, gelb und rot. An den Innenwänden, zwischen Hindugöttern und Hinduhelden, sind Darstellungen von 24 der 500 Inkarnationen Buddhas vor seiner Erleuchtung. *Tgl. 8.30–17 Uhr, Sao Ching Cha/ Giant Swing*

Wat Traimitr **(115/F2)**
Der Wat ist berühmt wegen des goldenen Buddhas, der fast 6 Tonnen wiegt und 3,50 m hoch ist. Ursprünglich war der goldene Buddha von einer schweren Stuckschicht umgeben. Aber bei einem Transport fiel er auf den Boden, und die versteckte Statue von unschätzbarem Wert kam zum Vorschein. Wer das nicht weiß, findet den Besuch des Wat Traimitr allerdings weniger spannend. *Tgl. 9–17 Uhr, Yaowarat Rd./New Rd.*

Wat Yannawa **(115/E5)**
Ein Tempel der ganz anderen Art. Er hat die Form einer chinesischen Dschunke. Er ist 43 m lang, 17 m hoch und 9 m breit. Früher stand hier ein älterer Tempel, bis König Rama II. diesen erbauen ließ. Der Grund für diesen ungewöhnlichen Tempel: Er soll an die Zeit Rama I. erinnern, als im Marktgebiet noch die Handelsdschunken aus Chi-

na anlegten. Der Tempel wird von zwei Chedis gekrönt. *Tgl. 9–18 Uhr, Phrasumane Rd.*

WASSERWEGE

Die ruhigste und angenehmste Art, Bangkok zu besichtigen, ist, das per Boot zu tun. Leider werden immer mehr Klongs trockengelegt. Die Hauptstraße des Wassers ist der Chao Phraya River. Von ihm aus gehen weitverzweigte Klongs ab, die wiederum durch ganz schmale, nur ein bis zwei Meter breite Klongs verbunden sind. Manche sind so zugewachsen und tief im Dschungel versteckt, dass sie eine Art Dach aus Blüten, Blättern und Zweigen haben. Es sind die Gärtenklongs oder *Klong Su'an, Klong Jääckjääck.*

Eine beliebte Route ist die zweistündige Rundfahrt mit einem Reisboot oder einem der lang gezogenen Boote mit Außenbordmotor, etwa vom Anleger Oriental zum Klong Bangkok Noi, vorbei am Königlichen Barkenmuseum (ca. 200–300 Baht pro Stunde). Oder Richtung Süden unter der Bangkokbrücke (Sapan Krung Thep) hindurch in den Klong Sanaam Chai.

Boote kann man an allen größeren Anlegern mieten, besonders am *Oriental-Anleger,* an der *Taksin-Brücke* neben dem *Shangri-La-Hotel, am Tha Chang* und am *Wat Dao Khanong.*

Wollen Sie durch die kleinen Klongs fahren, müssen Sie sich für schmale Boote mit Außenbordmotor entscheiden. Auch wenn es mal heftig spritzt, macht die Fahrt mit den Rennwagen des Wassers viel Spaß. Ganz Mutige können auch in ein »Nussschalen-Boot« steigen. Sehr wackelig, aber ursprünglich.

Oder einfach mit dem Expressboot oder der Personenfähre den Chao Phraya für ein paar Baht hinauf- oder hinunterfahren und aussteigen, wo man gerade Lust hat. Beispielsweise beim Stopp *Rachini,* wenn Sie nach Chinatown möchten. Die nächste Haltestelle *Tha Tien* ist gut für Wat Pho und Wat Arun; *Tha Chang* für den Königspalast; *Maharaj* für das Nationalmuseum und die Thamasat-Universität. *Thewes* empfiehlt sich, wenn man zur Nationalbibliothek oder zum Thewes-Blumenmarkt möchte.

Faustregel, für all diejenigen, die nicht mit dem Expressboot unterwegs sind: je schmaler der Klong, um so schöner ist es eigentlich. Man fühlt sich in eine andere Welt versetzt. Weg von der Hektik, vom Autolärm, vom Gestank. Es ist das andere Gesicht von Bangkok. Morgens rudern Mönche in Einmannbooten von Haussteg zu Haussteg. Sie sammeln Speisen und Almosen. Schüler und Studenten rudern in Uniform zur Schule. Händler verkaufen in ihren Booten Obst, gekochte Speisen und Haushaltsgeräte. Selbst der Briefträger ist im Boot unterwegs. Sie sehen Familien bei der morgendlichen Wäsche im Fluss. Nachmittags schwimmen die Überreste von den Märkten und Waschpulverschaum im Wasser.

Chao-Phraya-Kreuzfahrt (115/F 4)
Bei einer Fahrt mit der Oriental Queen auf dem Chao Phraya vom Oriental Hotel bis nach Ayutthaya, der früheren Hauptstadt Thailands, sehen Sie viel.

Das Boot ist klimatisiert. *Tgl. 8 bis 18 Uhr, 900 Baht, ab Oriental Hotel*

Phra Thinang (111/E–F 3)
Ein interessanter Tagesausflug mit dem Schnellboot vom Maharaj-Anleger nach Bang Pa-In, 55 km nördlich von Bangkok; es bringt Sie auch nach Phra Thinang. Auf der 40 m breiten und 400 m langen Insel stehen ein Sommerpalast und ein Tempel, den sich König Prasad Thong von Ayutthaya 1630 bauen ließ. König Chulalongkorn hat allerdings bei der Reise zu seiner Sommerresidenz tragische Verluste erleiden müssen. Seine erste Gemahlin samt den drei kleinen Töchtern ertrank, als das Boot in einer Flussbiegung kenterte. Und da König und Familie nicht berührt werden durften, kam niemand zu Hilfe.

Der Sommerpalast Phra Thinang wird mit Schloss Versailles verglichen, nur dass er sich in den Tropen befindet und mitten im Wasser steht. Schön sind auch die Gartenanlagen zum Lustwandeln. Rokokoartig geschwungene Brücken, ein Observatorium im chinesischen Stil, griechische Statuen und der chinesische Palast.

Weiter geht es nach Bang Sai, einem Handwerkerdorf, und Wat Phai Lom, wo man seltene asiatische Storchenarten beobachten kann. *Tgl. 8–17.30 Uhr ab Maharaj-Anleger*

ZOOLOGISCHE GÄRTEN

Dusit Zoo (111/F 3)
Der größte Zoo Südostasiens, besonders für Tiere, die die Wärme lieben. Die Bewohner Bangkoks zieht es hier weniger wegen der Tiere hin, sondern weil sie die schattigen Plätze und kleinen Seen mit Mietbooten lieben. An Wochenenden ein großes Picknickvergnügen.

Krokodilfarm (O)
Wer für 30 000 Krokodile einen Ausflug machen möchte, bekommt hier eine Showvorführung mit den imposanten Tieren zu sehen. Zu kaufen sind Taschen und Gürtel, aus den Vorfahren gemacht, nachdem sie sich nicht mehr in den großen Becken tummeln durften. 30 km südöstlich von Bangkok. Am einfachsten mit einer Reisegesellschaft oder *A. C. – Bus Nr. 8 oder Nr. 11; Eintritt 120 Baht, tgl. 8–18 Uhr, Krokodilshow Mo–Fr um 9, 10 und 11 Uhr, Sa und So auch um 12 und 17 Uhr, Fütterung der Krokodile 16.30–17.30 Uhr*

Schlangenfarm (116/C 3)
Interessant für alle, die beim Anblick der giftigsten Schlangen der Welt keine Gänsehaut bekommen. Und auch für alle, die sich immer schon mal eine Python um den Hals legen wollten. Denn außer hier, in der zweitältesten Schlangenfarm der Welt, wird wohl kein Besucher in Bangkok auf ein lebendes Exemplar treffen. Spannende Vorführungen in einer überdachten Miniarena. Es wird auch gezeigt, wie Kobras gemolken werden. Fotofans sollten versuchen, einen Platz in der ersten Reihe zu ergattern. *Eintritt 70 Baht, Mo–Fr 8.30–16.30, Sa, So 8.30–12 Uhr, Vorführungen Mo–Fr 11, 14.30 Uhr, Sa/So nur 11 Uhr, Rama IV/Henri Dunant Rd., auf dem Gelände des Thailändischen Roten Kreuzes*

Zwei Stunden im Museum

Die halbe Stadt lockt mit Besichtigungen. Aber auch die Museen haben einiges zu bieten: königliche Barken, Buddhas und Goldschätze

Fast alles, was man in Bangkok besichtigen kann, mutet wie ein Museum an. Viele historische Häuser haben eigene Kunstsammlungen, die einen Einblick in das schöpferische und soziale Leben früherer Zeiten geben. In Palästen oder Wats gibt es kleine Museen für Münzen, Bildergalerien oder ähnliches, die schon im vorangegangenen Kapitel beschrieben wurden. Das Nationalmuseum ist besonders zu empfehlen: Es ist das größte von ganz Thailand, mit einer umfassenden Sammlung, die einen hervorragenden Überblick über die Geschichte des Landes bietet. Angefangen von prähistorischen Funden bis zur jüngeren Zeit. Die meisten offiziellen Museen und Galerien haben montags und freitags geschlossen.

Ancient City **(O)**

Das größte Freilichtmuseum der Erde: Thailand originalgetreu nachgebaut auf 500 qkm. Sehenswert auch das Anthropologische Museum. Ein 30 km langer Anfahrtsweg, der sich lohnt. Infos: *Ancient City Company, Tel. 22 28 14, Büro an der Südostseite des Democracy Monument. Hier gibt es auch Informationen über organisierte Fahrten. Tgl. 8.30–18 Uhr, Eintritt 150 Baht*

Mit kunstvollen Figuren aus der thailändischen Götter- und Fabelwelt sind die königlichen Barken geschmückt

Königliches Barkenmuseum **(110/C4)**

★ Im Royal Barge Shed finden Sie Boote wie aus einer Fabelwelt, gefertigt aus über 50 Jahre alten Takienhölzern. Die Barken sind mit vergoldeten Pflanzen und mit Symbolfiguren der thailändischen Götterwelt geschmückt, zum Beispiel mit der siebenköpfigen Nagaschlange, mit Affen und Dämonen. Sehenswerte Meisterwerke thailändischer Schnitzkunst.

Zur Kathin-Zeremonie im Oktober trägt eine Flotte von 51 Barken mit 2200 Ruderern in farbenprächtigen Uniformen den König den Chao Phraya hinunter zum Wat Arun. Dort überreicht er den Mönchen neue safrangelbe Roben. Bootsprozessionen haben eine lange Traditi-

MARCO POLO TIPPS FÜR MUSEEN

1 Königliches Barkenmuseum
Boote aus der Fabelwelt, geschnitzte Meisterwerke (Seite 35)

2 Nationalmuseum
Größte Sammlung Südostasiens. Vom Goldschatz bis zum Bestattungswagen (Seite 36)

on und lassen sich bis zum 14. Jahrhundert zurückverfolgen. Ihre Blütezeit war während der Ayutthaya-Herrschaft. Leider wird diese eindrucksvolle Zeremonie heute nur noch sehr selten vollzogen. Die letzten Male 1982 zur 200-Jahr-Feier und 1987 zum 60. Geburtstag des Königs. Allerdings gibt es neue Bestrebungen, die Tradition wieder öfter aufleben zu lassen.

Im königlichen Barkenmuseum bekommt man zumindest einen Eindruck. 12 Boote sind hier untergebracht. Hier ist auch die 44 m lange Sri-Suphannahongse-Barke zu besichtigen, die den König während der Kathin-Zeremonie trägt. Ihr Bug ähnelt dem mythischen Schwan. Oder die Subana Hongse, deren Bug den kampflustig aufgerichteten Kopf des Hamsa darstellt. Hamsa ist das mythische Pferd des Gottes Brahma. Oder die Ananta Nagaraj mit der siebenköpfigen Schlange, dem Symbol des Wassers. *Tgl. 8.30–16.30 Uhr, Eintritt 10 Baht; 80/1 Rim Klong, Arun Amarin Rd., Thonburi; Bootsanleger: Bahnhof Thonburi und Wat Dusit*

National Art Gallery (110/C4)

Zeitgenössische und traditionelle Thai-Kunst. Kunst und Malerei sind seit Jahrhunderten religiös geprägt: Buddhas Leben, der Kampf von Gut und Böse. Neben Neuinterpretationen von klassischen buddhistischen Themen gibt es auch abstrakte Malerei, die von europäischen Einflüssen geprägt ist. *Tgl. außer Mo, Di und feiertags 9–16 Uhr, Eintritt 10 Baht, 4 Chao Fa Rd.*

Nationalmuseum (110/C5)

★ Wer alles besichtigen will, braucht wohl einen ganzen Tag. Es gibt drei Hauptgebäude und viele kleine Bauten und Freiräume, die zur Besichtigung einladen. Das alte Palastgebäude wurde 1782 gebaut, war früher Wohnsitz des »zweiten Königs«, der zwar äußerlich mächtig, aber dem ersten König untergeordnet war. Meistens war es ein Bruder des regierenden Königs, der dieses Amt innehatte. Rama V., König Chulalongkorn, schaffte dieses Stellvertreteramt ab. Der Palast wurde in ein Museum umgewandelt. Zwei neue Gebäude wurden im Jahre 1966 hinzugefügt. Am besten besorgt man sich einen Katalog am Eingang.

Im alten Palast des Wang Na befinden sich viele ethnologisch interessante Stücke: alte Waffen, Spiele, Musikinstrumente, religiöse und zeremonielle Geräte und Gegenstände des täglichen Bedarfs aus der Auflösung des

Wang-Na-Haushaltes. Im alten Gebäude ist außerdem ein Goldschatz aus Ayutthaya ausgestellt. Ferner sind zu sehen: Tragsessel und Elefantensättel, Bootsmodelle, Kostüme und königliche Bestattungswagen.

Im roten Haus, das Rama I. für eine ältere Schwester erbaut hatte, steht ein holzgeschnitztes, vergoldetes Bett, dazu ein Toilettentisch nebst Handtuchhalter. Im Wohnraum sehen Sie mit Lackmalereien verzierte Kleidertruhen. Das Haus hat im Übrigen seine rote Farbe von einem Pflanzenpigment, mit dem es angestrichen wurde. Im Untergeschoss des modernen Nordflügels sind Buddha-Statuen untergebracht, chinesisches Porzellan, Holzschnitzereien und religiöse Gemälde aus dem 18. und 19. Jahrhundert, Kleidungsstücke, eine Münzsammlung, Bronzeköpfe im Ayutthaya- (1350 bis 1767) und Sukhothai-Stil (1200 bis 1350). Im ersten Stock sind hinduistische Kunstobjekte aus Sukhothai ausgestellt, aus Chiang Saen und Chiang Mai, außerdem Buddha-Statuen und Tempelobjekte im Ayutthaya-Stil, der sich durch Monumentalität und besonders reichhaltige Verzierungen auszeichnet.

Im Erdgeschoss des südlichen Gebäudes befinden sich Ausstellungsstücke aus Burma, China, Indien, Sri Lanka, Japan und Tibet; Statuen aus den Ruinen von Si Thep (6. und 7. Jahrhundert). Im ersten Stock werden steinerne Buddha-Statuen und Köpfe im Dvaravati-Stil (6. bis 13. Jahrhundert) gezeigt sowie Statuen aus Java und Bronzeobjekte aus der Srivichai-Periode (bis Ende des 13. Jahrhunderts). Im Gegensatz zum Dvaravati-Stil, der sich der Lehre Buddhas widmet, beschäftigt sich der Srivichai-Stil mit dem Hinduismus. Es sind zwei Stilrichtungen, die sich zur selben Zeit getrennt voneinander entwickelt hatten.

Am besten schließt man sich einer kostenlosen Führung an (Beginn 9.30 Uhr). Mi in Deutsch, tgl. außer Mo und Fr 9–16 Uhr, Eintritt 50 Baht, 4 Na Phra That Rd.

Im Nationalmuseum werden Sie diesem Fabelwesen begegnen

Wohin gehen wir essen?

Ob in Garküchen oder Nobelrestaurants, ob einheimisch, chinesisch, indisch oder japanisch – in Bangkok schmeckt es immer

Tafelfreuden, davon schwärmen alle Liebhaber der asiatischen Küche. Und das Schöne ist, sie ist gut verträglich, leicht und gesund. Ein Duft von exotischen Speisen und Gewürzen liegt immer über der Stadt. Currygewürze, Shrimppaste, Kokosmilch, Knoblauch, Zitronengras, Koriander, dazu der Geruch von gebratenen Fischen, Langusten, Hühnchen und Gemüse.

Bleiben Sie an einer Garküche stehen, und beobachten Sie, wie der Koch in Windeseile im Wok wohlschmeckende Gerichte zaubert. Fast alles wird frisch zubereitet. *Kao pat,* gebratener Reis mit Krabben *(gung),* Hühnchen *(gai)* oder Rindfleisch *(nüa).* Und das alles für 15 oder 20 Baht. Zum Schluss noch ein Spritzer *Nam pla,* das ist eine scharfe Fischsoße, die anstelle von Salz verwendet wird. Holzspieße mit Rind- oder Hühnerfleisch brutzeln auf dem Holzkohlegrill und werden mit einem speziellen Kokosnussöl übergossen. Serviert werden sie mit einer süßsauren Soße aus Chili, Knoblauch, Pflaumensirup und Essig. Daneben sitzen Männer und Frauen, die gebackene Bananen, Ananas oder *kanom dschiäb,* das sind ausgebackene Teigtaschen mit Fleisch- oder Krabbenfüllung, feilbieten. Töpfe auf Holztischen, in denen Kokosnuss-Currys beispielsweise mit Huhn *(tom kha gai)* auf Hungrige warten oder für ganz Mutige der scharfe Rindfleischsalat *(yam nüa)* mit Korianderblättern, Minze und unzähligen roten Chilis. Und als Nachspeise süß, süß und nochmals süß. Kokosnuss-Eiscreme *(ai-sa-krim kathi),* Reiskügelchen in Kokosnusssoße *(lot chong nam ka thi)* oder klebrigen, farbenfrohen Gelee *(wun whan).* Eine besondere Spezialität: *khanom beuang,* das sind dünne Teigplätzchen, gefüllt mit Kokosnuss, süßen Krabben oder Gewürzen, und *sangkhya maphrao awn,* ein Kokoscreme-Pudding.

Bangkok, ein wahres Paradies für Freunde guter Küche. Res-

Gaumenfreuden können Sie nicht nur im Restaurant, sondern auch auf der Straße genießen – wie bei dieser »fliegenden« Essenshändlerin

taurants gibt es an jeder Straßenecke und in allen Stadtteilen. Ganz abgesehen von den »fliegenden Essenshändlern«, die sich auf Plätzen und in Straßenzügen zu einer großen Garküche zusammenschließen. Essen kann man dort bedenkenlos, wenn man vor Sprachschwierigkeiten, Plastiktellern oder Bananenblättern als Geschirr nicht zurückschreckt.

Nur das Wasser, das zur Erfrischung gereicht wird, sollte man mit Rücksicht auf den Magen lieber stehen lassen, denn sonst ist Montezumas Rache sicher. Trinken Sie lieber eine Cola oder ein *Singha,* das traditionelle thailändische Bier. Es wird von deutschen Brauern hergestellt, schmeckt zuerst gewöhnungsbedürftig und ist, gemessen am Essenspreis, verhältnismäßig teuer: rund 25 Baht für die kleine Flasche. Oder probieren Sie die Alkoholdroge Nummer 1, den Mekhong Whiskey, der aus Zuckerrohr gebrannt wird. Er wird zu allen Gelegenheiten aufgetischt, schmeckt etwas süßlich und wird mit Wasser, Cola oder auf Eis getrunken. Einen Spritzer Limonensaft dazu, dann ist er einigermaßen genießbar. Aber Vorsicht beim Trinken *on the rocks.* Nicht jedes Eis ist empfehlenswert. Oft wird es von großen Klötzen abgeschlagen, ist daher hygienisch nicht einwandfrei und schmeckt zu allem Überfluss manchmal nach Fisch, wenn es vorher zur Kühlung verwendet wurde. Nur die glatten Eiszylinder, die keimfrei verpackt von der Fabrik geliefert werden, sollte man im Glas lassen.

Essen kann man zu jeder Tages- und Nachtzeit, denn das gehört mit zu den liebsten Beschäftigungen der Thais. Essen, das ist

MARCO POLO TIPPS FÜR RESTAURANTS

1 Ambassador Food-Center
Essensstände, so weit das Auge reicht (Seite 48)

2 Art House Restaurant
Chinesisch speisen im königlichen Stil (Seite 45)

3 Ban Chiang
Klein und schnuckelig, mit guter Küche (Seite 47)

4 Himali Cha Cha
Der beste Inder der Stadt (Seite 46)

5 Lemongrass
Ein Genuß fürs Auge und für den Gaumen (Seite 47)

6 Sala Rim Nam
Speisen bei klassischem Tanz (Seite 47)

7 Salathip
Nicht billig, aber schöne Abendstimmung am Fluss (Seite 47)

8 Seafood Market
Jedem seinen selbsterwählten Fisch (Seite 48)

9 Spice Market
Gute Thaiküche in Gewürzmarkt-Atmosphäre (Seite 47)

10 Tum Nak Thai
Gute Küche, witziges Ambiente (Seite 48)

für sie Spaß und Lust. Am Wochenende bevölkern ganze Großfamilien die Lokale, deshalb reservieren Sie besser in noblen Lokalen einen Tisch. Gegessen wird mit Gabel und Löffel. Mit der Gabel werden die mundgerechten Stücke auf den Löffel geschoben. Sie ist eine Art Messerersatz. Stäbchen gibt's nur beim Chinesen oder manchmal in den Garküchen.

Wer versucht, Suppe und Hauptgericht in entsprechender Reihenfolge zu bestellen, wird immer wieder scheitern und verzweifeln. Alle Speisen werden zusammen in der Mitte des Tisches aufgetafelt, und jeder Esser bekommt separat eine Schale Reis gereicht. Falls es doch mal nicht scharf genug sein sollte, auf jedem Tisch stehen Schalen mit zerstoßenen Chilis und *prik nahm plah,* das ist eine salzige Fischsoße mit Knoblauch, Limonensaft, Palmzucker, Sojasoße und vielen klein geschnittenen Chilis. Sind Sie ein Reismuffel, dann sollten Sie Reisnudeln *(kwai tiao)* oder Weizenmehlnudeln *(bah mie)* probieren. Es gibt sie von ganz dünn bis superbreit.

Ebenfalls Hauptgericht ist für die Thailänder die Suppe. Besonders lecker: *Tom-Yam*-Versionen. Sauer, scharf gewürzt mit Zitronengras, Chilis, Tamarinde und Zitronenblättern. Es gibt sie mit Krabben *(gung)* oder mit Hühnchen *(gai).*

Ein europäisches Frühstück mit Toast und Eiern kennen die Thais nicht. Da ziehen sie Reissuppe oder gebratenen Reis vor. Die Hotels haben sich aber auf den ausländischen Geschmack eingestellt. Vom Spiegelei bis zur Marmelade ist alles zu bekommen. Eine schmackhafte Abwechslung: *khai yad sai,* das ist ein Thai-Omelett mit Fleisch- oder Gemüsefüllung. Kaffeeliebhaber finden Cafébars, in denen man starke schwarze Kaffeeröstungen aus Brasilien, Frankreich oder Italien bekommen kann. Einfache Hotels und Restaurants servieren meistens nur Nescafé. Das Abendessen ist die wichtigste Mahlzeit der Thais.

Die Speisekarten in den Restaurants sind überwiegend englisch. Die Auswahl an Restaurants in Bangkok ist riesengroß. Es gibt Gartenrestaurants, in denen man bei Volkstänzen das Essen genießen kann; romantische Restaurants am Chao-Phraya-Fluss; Fischrestaurants, in denen man sich seinen Lieblingsfisch aussuchen darf, der nach eigenem Geschmack dann zubereitet wird. Aber fragen Sie auf jeden Fall genau nach dem Preis, denn ganze zubereitete Fische sind im Vergleich zu Currys und anderen Gerichten teuer.

Es gibt hervorragende chinesische Köche für eine köstliche Peking-Ente, japanische, wenn man sich satt an *Sushi* essen möchte, indische, wer frisches *Mango-Lassi* und Lammcurry mit Spinat möchte. Oder wie wäre es mit koreanisch, birmanisch, arabisch oder mexikanisch? Wem das zu exotisch ist, für den gibt es natürlich auch, besonders in den großen Hotels, französische *haute cuisine* oder italienische Pastakreationen. Oder einen schlichten Hamburger, Pommes frites oder Pizza. Denn auch Wendys, McDonald's und Pizza Hut haben in der thailändischen Hauptstadt Einzug gehalten.

Wen beim Shopping der Hunger überfällt: Lustig für zwischendurch sind die Garküchen im Central Plaza, im obersten Stockwerk des Kaufhauses Robinson, auf der Silom Road und über hundert Essensstände im 6. Stock des Mahboonkrong Centers, an der Kreuzung der Rama I Road mit der Phraya Thai. Oder wie wäre es mit dem Ambassador Food-Center im Ambassador Hotel? Im Erdgeschoss des Siam-Einkaufscenters gibt es gleich gegenüber von McDonald's ein *Sukiyaki*-Schnellbedienungsrestaurant, das *Suki Hi-Tech.* Alle Zutaten für diese japanische Fondueart kann man sich wie in einem Supermarkt aus den Kühltruhen selber zusammenstellen und dann am Tisch im Steamboat-Topf zubereiten.

Bangkok hat für jeden Geschmack viel zu bieten. Und das Essen ist für europäische Verhältnisse billig. Selbst in so genannten Gourmetlokalen sind die Preise so, dass sich jeder ohne ein allzu dickes Loch im Geldbeutel einen Besuch leisten kann. Verhältnismäßig teuer wird es immer nur, wenn man eine Flasche Wein dazu bestellt. Dann kostet der Wein oft noch einmal so viel wie das ganze Essen.

Bedienungsgeld ist meistens im Rechnungspreis inbegriffen. Trotzdem sollte man, außer in Garküchen, ein Trinkgeld dalassen. In einfachen Lokalen zahlt man für ein Abendessen mit Getränk rund 60 Baht, in hochklassigen kann man ab circa 200 bis 300 Baht fürstlich speisen. In Restaurants der Luxushotels wird es noch etwas teurer. Dafür sind die Bedienungen in elegante Seidensarongs gehüllt, das Ambiente ist edel, beispielsweise in einem traditionellen Haus, aus Teakholz gebaut, mit tropischem Garten, Windlichtern und feinem Porzellan auf den Tischen. Alle gehobenen Lokale haben kalifornische und französische Weine auf der Getränkekarte. Oder probieren Sie einmal den gekühlten Saft einer jungen Kokosnuss, frischen Ananas- oder Mangosaft.

Mit Kreditkarte zu zahlen ist in vielen Lokalen in Bangkok selbstverständlich. Auf einer getrennten Rechnung zu bestehen ist dagegen unüblich. Sitzen Thais beim Abendessen beieinander, zahlt immer derjenige, der das meiste Geld oder die höchste Position hat. Sonst verliert er in den Augen der anderen sein Gesicht. Diese schöne Sitte haben die Thailänder auch auf ihre Gäste übertragen.

Früchte

Ein Bummel über die Märkte: Früchte, so weit das Auge reicht. Viele Sorten sind in Europa weitgehend unbekannt, aber selbst ein Früchtemuffel, der die Vitamine lieber in Tablettenform schluckt, kann bei diesem lockenden Anblick der schön drapierten und geputzten erfrischenden Versuchung nicht widerstehen.

Die *Durian* ist die Königin der Früchte. Unverwechselbar wegen ihres penetranten, käseartigen Geruchs und ihrer grünen stacheligen Schale. Aber ihr helles, cremiges Fleisch schmeckt köstlich süß. Und es soll angeblich aphrodisische Wirkung haben. Auf jeden Fall aber viel Vitamin C, B1 und B2. Saison: April bis August.

Größer als die Königin der Früchte und ganzjährig zu kaufen ist die Jackfruit *(Kanun)*. Eine Monsterbaumfrucht mit gelber Schale, die bis zu 40 kg schwer und 30 bis 90 cm lang und 50 cm breit wird. Das Fruchtfleisch der Jackfruit ist gelb und fest und wird verständlicherweise in Portionen verkauft.

Ananas *(sapparot)*, Bananen *(kluai hom)* und Papaya *(malako)* sind sicher das am häufigsten servierte Obst, denn das gibt es von Januar bis Dezember. Um den Geschmack der melonenartigen, gelborangefarbenen Papayafrucht zu verstärken, sollte man sie mit Zitronensaft beträufeln. So ein Früchteteller ist ein wohlschmeckendes und kalorienfreundliches Frühstück. Mangos *(mamuang)*, egal ob grün oder gelb, sind auch in Europa beliebt, auf den Fruchtmärkten in Bangkok kosten sie nur einen Bruchteil dessen, was man hier für die süßen, saftigen Früchte bezahlen muss. Saison von März bis Juli.

Exotischer sind Longan *(lamyai)*, kleine, runde Früchte mit säuerlichem Fruchtfleisch, die büschelweise verkauft werden. Saison: Juni bis August. Und Mangostan *(mangkut)*, eine tomatengroße, violette Frucht mit süßen, weißen Fruchtsegmenten. Saison: Juni bis November. Rambutan *(ngo)* sind so groß wie Mandarinen, aber in haarigem, grünrotem Kleid; Guaven *(farang)* sind eigroße, grüne Baumfrüchte; Litschi *(linchi)* erkennen Sie an der roten Schale, dem weißen Fleisch und harten Kern.

Zu guter Letzt die allen bekannte Kokosnuss. Allerdings – die borstigen Braunen, die wir in

Gläubige Buddhisten spenden täglich das Essen für die Mönche

Gourmettempel von Bangkok

La Tache **(115/F 4)**
Wer französisches Ambiente und Haute Cuisine genießen mag. *Menü ab 950 Baht, Wein ab 600 Baht; tgl. bis 22.30 Uhr, Shangri-La Hotel, Tel. 236-02 80*

Lord Jim's (G) **(115/F 4)**
Schöner Ausblick auf den Fluss, bekannt für seine exzellenten Meeresfrüchte. *Menü ab 900 Baht, Wein ab 600 Baht; tgl. bis 22.30 Uhr, Oriental Hotel, Tel. 234-99 20*

Normandie **(115/F 4)**
Pariser Köche werden eingeflogen, um den Gästen die besten Kreationen zu bieten. Spezialität: geröstete Taube in Kartoffelkruste oder gebratene Gänseleber. Sehr elegant. Das Lokal ist im Stil des Orientexpress eingerichtet. Sie haben einen wunderschönen Blick auf den Chao Phraya. *Menü ab 1200 Baht, Wein ab 900 Baht; tgl. bis 22.30 Uhr, Oriental Hotel, Tel. 236-04 00*

The China House (G) **(115/F 4)**
Weiße Villa mit grün lackierten Türen und Fensterrahmen, gehört zum Oriental Hotel. Edles Ambiente, chinesische Seidenteppiche, feines Porzellan, erlesene, überwiegend kantonesische Küche. Der Küchenchef Lui Yin Chui kommt aus Hongkong. Tipp: Mittags können Sie hier für 290 Baht pro Person soviel Dim Sum essen, wie Sie mögen. *Menü ab 900 Baht; tgl. 11.30–14 und 18.30 bis 22.30 Uhr, gleich neben dem Oriental, Tel. 236-04 00 (Oriental), Ap. 3378 (China House)*

The Royal Kitchen **(O)**
Sehr elegantes Ambiente. Hier schwelgen gut betuchte Thais in chinesischen Genüssen. *Menü ab 400 Baht; tgl. bis 22.30 Uhr, 146 Sukhumvit 55, Tel. 391-9634*

Europa verkauft bekommen, genießen in Thailand höchstens die Schweine. Oder ihr Fleisch wird verwendet, um Öl oder andere Kokosprodukte herzustellen. Gegessen und getrunken wird die junge, grüne Kokosnuss *(maphrao-on)*. Der Saft wird eisgekühlt getrunken, das weiße, glitschige Kokosfleisch danach mit einem Löffel rausgelöst.

Thais sind keine späten Esser. Die reinen Esslokale sind mittags von 12 bis 14 und abends oft nur von 18 bis 22.30 Uhr geöffnet.

G = Garten oder Terrasse
K = mit klassischer Musik und Tanz
F = am Fluss

Die Restaurants sind in folgende Preisgruppen eingeteilt:
Kategorie 1: Essen für eine Person einschließlich Getränk ab 300 Baht
Kategorie 2: Essen für eine Person einschließlich Getränk etwa ab 150 Baht
Kategorie 3: Essen für eine Person einschließlich Getränk etwa ab 80 Baht

CHINESISCH

Kategorie 1

Art House Restaurant (G) **(O)**
★ Mit Lotosteich und schönem Garten. Sehr gute chinesische Küche. Das Restaurant ist im königlich chinesischen Stil eingerichtet. Mit Kristallüstern, Holzfußboden und geschnitzten Möbeln. Spezialität: Krebse in chinesischer Spezialsoße. *Tgl. 11 bis 14 und 18–22 Uhr, 87 Soi Thonglor 13, Sukhumvit, Soi 55, Tel. 3913103, 3926575*

Hoi Tien Lao **(115/F 4)**
Kantonesische Küche. Hier speisen Sie in einem der ältesten und bekanntesten chinesischen Restaurants Bangkoks. *308 Sua Pha Rd., kostenloser Bootstransfer ab Royal Orchid Hotel, Tel. 2211685*

Mayflower **(116/C 3)**
Nobel elegante Umgebung. Sehr gute Küche. *Dusit Thani Hotel, Tel. 235-1130*

Scala **(116/C 1)**
Bekannt für seine hervorragende Peking-Ente. Falls man nicht weiß, wie es geht, zeigt der Koch persönlich, wie die knusprige Haut zusammen mit Sirup und Frühlingszwiebeln in dünne warme Fladen eingerollt wird. Das restliche Entenfleisch wird in drei verschiedenen Variationen serviert. Ein Genuss, den Sie sich nicht entgehen lassen sollten. *Erdgeschoß Scala Theater, Siam Square, Soi 1, Tel. 2512863*

Kategorie 2

Shangarila Restaurant **(116/B 4)**
Einfaches Ambiente, aber sehr schmackhafte Shanghai-Küche. Hier gibt es auch eine gute Peking-Ente. *154/4-5-6-7 Silom Rd., Tel. 2349147-9*

Sunflower Restaurant **(116/B 4)**
Spezialität: frische Krebsscheren im Feuertopf, kleingeschnittene und sautierte Abalone in Austernsoße und geschmorte Haifischflossen mit Garnelen. Mittags gibt es Dim-Sum. Kühl-elegante europäische Atmosphäre. *Tgl. 11–14.30 und 18–23 Uhr, Trinity Place, 150 Silom Rd., Soi 5, Tel. 2354860-1 und 2382662, Ap. 1515*

Kategorie 3

Coca Restaurant **(116/C 1)**
Riesengroß und allseits beliebt. Spezialität: Steamboat. *416/6–8 Soi 2, Henri Dunant Rd. am Siam Square, Tel. 2516337; mit Zweigstellen:* **(116/A 3)** *4–8 Soi Thantawan, Surawong Rd., Tel. 2369323, 2360107 und* **(O)** *1/1–5 Sukhumvit 39, Tel. 2598188, 2589754*

Verdammt scharf

Je kleiner, desto tückischer: Die grünen und roten Chilis können solch einen Höllenbrand entfachen, dass Tränen und Nase laufen. Das Feuer am besten mit Reis, keinesfalls mit Bier oder Wasser löschen. Sonst wird es noch schlimmer. Um vorzubeugen: »Kein Chili« heißt: *mae sai prie* und »nicht so scharf« heißt: *ped ni noi.*

DEUTSCH

Paulaner Brauhaus (O)
Mit eigener Brauerei. Für alle, die auch während ihres Thailand-Aufenthalts nicht auf deutsches Bier, Schweinshaxen und Sauerkraut verzichten möchten. Schöner Biergarten! *Im President Park Complex, Sukhumvit, Soi 24, Tel. 661-11 11-5, Kategorie 3*

FRANZÖSISCH

Kategorie 2

Chez Daniel Le Normand (O)
Klein und gemütlich. Gehört zu den besten französischen Restaurants in Bangkok. Und hier kann man für Bangkok-Verhältnisse auch später essen. *Geöffnet bis 24 Uhr, Sukhumvit, Soi 23, Tel. 258 86 36*

INDISCH

Kategorie 2

Himali Cha Cha (115/F 4)
★ Versteckt in einer kleinen Seitenstraße der New Road. An 20 Tischen gibt es Köstlichkeiten. Ausgezeichnet das Orangen-Tandoori-Hühnchen und Tandoori-Garnelen. Dazu unbedingt Knoblauch-*Nan* und *Mango-Lassi.* Hier ist ein Koch mit Tradition am Werk. Meister Cha Cha, der Besitzer, bekochte schon 1940 Lord Mountbatten, später kochte er für die indische Botschaft in Südostasien und eröffnete 1980 dieses Lokal. *1229/11 New Rd., Tel. 235-15 69*

Café India (116/A 3)
Populär bei den Indern der Stadt. Klein, aber nicht ganz so gemütlich. Gute Küche. *460/8 Surawong Rd., beim Trocadero Hotel, Tel. 234-17 20, 233-04 19*

ITALIENISCH

Kategorie 1

Italian Pavillon (G) (117/E 2)
Gilt als bester Italiener in Bangkok. Mit tropischem Garten und geschmackvollem Interieur. *15 Soi Nan Tai, Tel. 250-15 50*

JAPANISCH

In den Seitenstraßen der Silom Road gibt es viele japanische Restaurants und Sushi-Bars.

Kategorie 1

Genji (117/D 1)
Außer Sushis gibt es hier auch andere empfehlenswerte Gerichte. *Hilton Hotel, Witthayu Rd., Tel. 253-01 23*

Shogun (116/C 3)
Nobel elegante Atmosphäre. Große Auswahl an Sushi und Sashimi. *Dusit Thani Hotel, Silom Rd., Tel. 254-04 44*

Kategorie 2

New Kobe (116/B 4)
Große Auswahl an Sashimi, Sushi, Agemono, Yakimono und Teppanyaki. *Erdgeschoss, Trinity Complex, Soi Phiphat 2, Silom Rd., Tel. 238-38 88*

Takasago Sushi Restaurant (O)
Hier bereitet der Chef die Köstlichkeiten höchstpersönlich zu. Die Sushis sind sehr gut und die Bedienung freundlich. *20/2 Sukhumvit 22 Rd., Tel. 259-24 94*

THAILÄNDISCH

Kategorie 1

Baan Thai (G, K) (O)
Tropisch, mit thailändischen Häusern. Ab 21 Uhr klassische Tanzvorführungen. *7 Soi 32, Sukhumvit Rd., Tel. 258-54 03*

Sala Rim Nam (G, F, K) (115/F 4)
★ Ähnelt einem Tempel. Schöne Atmosphäre. Touristen, die bei klassischen Thai-Tänzen speisen. *Kostenloser Bootstransfer vom Oriental-Anleger, Tel. 234-99 20*

Salathip (G, F) (116/A 3)
★ Wer für eine besonders schöne Atmosphäre tiefer in die Tasche greifen möchte. Es ist ein Pavillon auf einer im Fluss verankerten Plattform. Draußen reservieren und die Stimmung am Fluss genießen. Thailändische Küche, die nicht sensationell, aber gut ist. *Shangri La Hotel, Siphya Rd., Tel. 236 77 77, Ap. 1168*

Spice Market (117/D 2)
★ Prachtvoll mit den verschiedenen Gewürzen dekoriert. Sehr gute Küche. *The Regent Hotel, 155 Rajadamri Rd., Tel. 251-61 27*

Kategorie 2

Baan Kanitha (O)
Exzellente Speisen in stilvollem Ambiente, in einem alten, mit Antiquitäten ausgestatteten Thai-Haus. *36/1 Sukhumvit Soi 23, Tel. 258 81 41*

Ban Bung Garden Restaurant (G) (O)
Speisen in luftigen Pavillons im nordthailändischen Stil auf in einem See verankerten Plattformen. Spezialität: in Kokosnuss gebackene Garnelen, *Tom Yum Gung. 32/10 Moo 2 Intramara 45, Rachadapisek, Huay Kwang, Tel. 277-75 63, 277-86 09*

Ban Chiang (G) (116/A 4)
★ Gemütliches Holzhaus mit besonderem Charme. Wer draußen speisen will, findet einen kleinen Garten mit langen Holztischen. *14 Si Wieng Rd., Nähe Silom Club, Tel. 236-70 45*

Bussaracum (116/B 4)
Erstklassige, authentische Thai-Küche. Die Speisen sind aufwändig dekoriert. Es sind Spezialitäten der klassisch königlichen Thai-Küche. Die westliche, elegante Atmosphäre schätzen besonders Thais mit westlichen Geschäftsfreunden. Ein Schwesterlokal gibt es noch im Dusit Thani Hotel. *139 Sethiwan Bldg., Pan Rd., eine Seitenstr. der Silom Rd., Tel. 266-63 12-8*

Lemongrass (O)
★ Thailändische Nouvelle Cuisine. Das Lokal hat seit vielen Jahren den Ruf, eines der am schönsten dekorierten Restaurants in Bangkok zu sein. Man speist elegant zwischen Thai-Antiquitäten und viel Nippes. Spezialität: Huhn mit Zitronengras und mit Krabben gefüllte Crêpes. Wein ab 250 Baht. Reservieren! *5/1 Sukhumvit Rd., Soi 24, Tel. 258-86 37*

Na Phra Lan (110/C 6)
Richtig für alle, die bei gutem Essen in diesem »Kunst-Lokal« auch den Kontakt zur thailändischen Künstler- und Studentenszene haben möchten. Schönes Ambiente, mit großen Gemälden

dekoriert. Gleich gegenüber dem Wat Phra Kaeo. *18 Na Phralan Rd.*

Royal Dragon Restaurant **(O)**
Das Schwesterlokal vom Tum Nak Thai ist noch größer und deshalb ebenfalls im Guinnessbuch der Rekorde von 1993 aufgeführt. *35/222 Mo4, Bangna-Trad, Prakhannon, Tel. 398 00 37-43*

Savoey Seafood (G, F) **(115/E 3)**
Speisen auf der Terrasse am Ufer des Chao-Phraya-Flusses. Fische in allen Variationen. *Im River City Komplex, 23 Yodha Rd.*

Seafood Market (G) **(117/F 3)**
★ Durch die große Neonreklame ist es nicht zu übersehen. Hier geht es zu wie in einer Fischmarkthalle. Über 50 Köche brutzeln, grillen, rühren oder braten. Suchen Sie den auf Eis gelegten Fisch selber aus, bezahlen Sie an der Kasse und lassen ihn dann nach Wunsch zubereiten. Für Fisch- und Hummerfans ein wahrer Gaumenschmaus. *388 Sukhumvit Rd., zwischen Soi 16 und Soi 18, Tel. 258-02 18*

Kategorie 3

Cabbages & Condoms **(117/F 2)**
An der Kasse gibt's statt Bonbons Kondome, witziger Biergarten und sehr gute thailändische und europäische Küche. Und der Grund für den ausgefallenen Namen? Das Lokal wird von einer Organisation für Geburtenkontrolle geführt. *Sukhumvit Rd., Soi 12, Tel. 229-46 10*

Silom Village
Trade Center (K, G) **(116/B 4)**
Alte Thai-Häuser, die als idyllisches Alt-Bangkok wieder hergerichtet wurden. Dazu Läden, Souvenir- und Ledershops. Lockere Atmosphäre, sehr touristisch, aber trotzdem gute Küche. Die Tanzvorführungen sind eher schlecht. *286 Silom Rd., Tel. 234-44 48, 233-94 47, 234-47 51*

The Whole Earth **(117/D 2)**
Auch für Liebhaber der vegetarischen Küche. Der vordere Speiseraum ist mit massiven mahagonifarbenen Balkenkonstruktionen gestaltet. In der zweiten Etage sitzt man gemütlich auf Kissen am Boden. Treffpunkt der thailändischen Yuppies. *93/3 Soi Langsuan, Phloenchit Rd., Tel. 252 55 74, und* **(O)** *71 Sukhumvit Rd., Soi 26, Tel. 258-49 00*

Tum Nak Thai (G, K) **(O)**
★ Als bis 1993 größtes Restaurant der Welt im Guinness-Buch der Rekorde. 3000 Sitzplätze, 250 verschiedene Speisen aus allen thailändischen Regionen. Auch chinesische, japanische und europäische Gerichte. Man sitzt auf Stegen über einem künstlich angelegten See in kleinen Pavillons oder Booten. Kellner auf Rollschuhen. Daher ist es wegen der Vibrationen weise, nicht auf Holzstegen Platz zu nehmen. *131 Ratchadapisek Rd., Tel. 276-78 10*

THAILÄNDISCHE FOODCENTER

Ambassador Food-Center **(117/F 2)**
★ Hier gibt es thailändische, japanische, europäische, amerikanische, chinesische und arabische Essensstände. Man bezahlt mit Coupons, die man an einer Kasse kauft. Restcoupons können zurückgegeben werden. *Soi*

11, Sukhumvit Rd., Gelände des Ambassador-Hotels, Kategorie 3

Mahboonkrong Center (116/B 1)
Mehrere Hundert Essensstände. Von Peking-Ente über Schwalbennestsuppe bis zu vegetarischen Gerichten alles zu haben. Gut, um tagsüber billig zu essen. Sie zahlen mit Coupons. *Bis 22 Uhr, Phaya Thai Rd.*

THAILÄNDISCHE SCHWIMMENDE RESTAURANTS/DINNER-KREUZFAHRTEN

Im traditionellen Teakboot eine zweistündige Fahrt, bei der Thai-Gerichte oder gegrillte Fische serviert werden.

River Side Co (115/E 3)
Abfahrt beim River Side Plaza Hotel an der Krung-Thon-Brücke. *30 Baht plus Dinner, von 20 bis 22.45 Uhr, Krung-Thon-Brücke, Tel. 424-98 48, 434-00 90-3*

River Sun Cruise (115/F 3)
Gut für Tagestouren nach Ayutthaya und Bang Pa In. *Rund 1400 Baht, inklusive kaltem Büfett. Abfahrt sonntags um 8 Uhr, Rückkehr gegen 18.30 Uhr. Ab River City Anleger, Tel. 266-91 25-6*

Tassaneya Nava (115/F 3)
Abfahrt am River City Komplex. *650 Baht inklusive Dinner, von 18–20 und von 20–22 Uhr, River-City Anleger, Tel. 437-73 29*

The Khanab Nam (115/E 3)
Abfahrt von der Krung-Thon-Brücke. *50 Baht plus Dinner, von 19 bis 21 Uhr und 20–23 Uhr, KrungThon-Brücke, Tel. 433-6 61, 424-84 53*

Tausend exotische Düfte

Wanfah Cruise (115/E 2)
Abfahrt River City Komplex. *500 Baht inklusive Dinner. River City Anleger, Tel. 622-76 57-61*

VIETNAMESISCH

Kategorie 1

Le Dalat (G) (O)
In tropischem Garten gelegen. Die große Speisekarte mit Fotos hat lockende Angebote für eine umfangreiche Bestellung. *47/1 Sukhumvit, Soi 23, Tel. 258-41 92*

Than Dinh (117/E 2)
Paris trifft Vietnam. Dieses Motto gilt für Küche und Ambiente. Die Speisekarte ist klein, aber fein. Besonders gut sind die mit geräucherter Gänsebrust gefüllten Ravioli oder Froschschenkel in scharfer Kokosnusssuppe. *Tgl. 11–14.30 Uhr und 18–23 Uhr. Tan Dinh Ruam Rudee Village, 20/6–7 Siam Ruam Rudee, Ploenchit Rd.*

Shopping mit Pfiff

Fälschungen und Originale, Antiquitäten und traditionelles Handwerk, Seide und Schmuck: In Bangkok kann jeder einkaufssüchtig werden

Die Stadt macht süchtig. Wenn man die mit Waren prall gefüllten Märkte besucht, durch die Shoppingcenter und Einkaufspassagen flaniert, die Straßenstände bestaunt oder einfach nur bummelt, verfallen viele Bangkok-Besucher nahezu in einen Kaufrausch. Es gibt nichts, was es nicht gibt. Und das zu verdammt günstigen Preisen; es sei denn, man wird übers Ohr gehauen. Und das kann Ihnen leicht passieren, wenn Sie nicht in einem großen Kaufhaus mit festen Preisen einkaufen. Handeln ist ein Muss. Nicht nur auf den Märkten, sondern fast überall. Egal ob Sie Antiquitäten, Taschen, Kunsthandwerk, Schmuck oder Seide kaufen: Feilschen gehört zum Business. Wollen Sie allerdings nicht als unhöflich dastehen, sollten Sie das Spiel um den Preis nur bei wirklichem Kaufinteresse beginnen.

Auf Märkten und an Straßenständen gilt die Faustregel: geforderter Preis minus 50 Prozent. Beispielsweise in Antiquitäten- und Schmuckgeschäften lässt sich selbst bei ausgezeichneten Waren oft ein Nachlass von 20 oder 30 Prozent herausholen. Das einzige, was man dafür braucht, ist Geduld, ein freundliches Lächeln, und Sie dürfen dem Verkäufer nie das Gefühl geben, ganz besonders scharf auf das Stück seiner Wahl zu sein. Es kommt auf Ihr Geschick als Käufer oder Käuferin an.

Bangkok hat ein schier unüberblickbares Angebot an Geschäften. Verschiedene Gebiete und Straßenzüge sind auf ganz bestimmte Waren spezialisiert. Man sollte, gerade bei kostspieligen Einkäufen, auf das TAT-Emblem an der Ladentüre achten. Das ist ein Aufkleber, der eine Frau mit zwei Körben zeigt. Diese Läden werden von der *Tourist Authority of Thailand* empfohlen.

Auf den normalen Märkten sind beliebte Objekte zu Dumpingpreisen zu haben: Musikkassetten, gefälschte T-Shirts, Polohemden und Jogginganzüge von Chanel und Gaultier oder die arg strapazierten Lacoste-Imitationen. Falsche Uhren von der goldenen Rolex bis zur täuschend echten Cartier. Kopierte Tücher von Hermès oder Armani, Taschen oder Handwerks-

Damnoen Saduak, ein schwimmender Markt, 100 km südwestlich von Bangkok

arbeiten als Souvenir: bestickte Samtrucksäcke aus dem Norden des Landes, burmesische Marionettenpuppen und reliefartige, bestickte Wandbehänge, Wasserpfeifen, Buddha-Figuren aus Messing, Bronze oder Holz, bemalte Schirme aus Chiang Mai. Auf dem riesengroßen Areal des Wochenendmarktes gibt es zudem echte Antiquitäten, Raritäten und Kuriositäten. Auf den indischen oder chinesischen Märkten werden entsprechende landestypische Produkte feilgeboten.

Seide vom laufenden Meter finden Sie gehäuft in den Geschäften der Silom und Surawong Road. Hier kann man sich auch innerhalb eines Tages Bettwäsche aus Seide anfertigen lassen. Aber Vorsicht: Manchmal wird »reine« Seide angeboten, die jedoch einen Kunstfaseranteil hat. Um sicherzugehen, sollte man entweder in den bekannten, teureren Geschäften kaufen oder an einem Eckchen die Feuerprobe machen: Kunstfaser schmilzt und stinkt, hingegen verbrennt Seide fast ohne Asche.

Schneider finden Sie auf der Sukhumvit Road und auf der New Road Richtung Silom Road, ab Höhe des General Post-Office (GPO) oder in den Tophotels wie Shangri-La, Hilton oder Oriental Plaza. Empfehlenswert ist es immer, eine Schnittvorlage oder ein Bild aus einem Modemagazin mitzubringen, da die thailändischen Vorstellungen von Schick und Mode oft nicht den europäischen Geschmack treffen. Vergleichen Sie unbedingt auch die Stoffpreise, bevor Sie sich entscheiden. Es gibt nicht nur schöne Seidenstoffe, sondern auch Kaschmir, Schweizer Baumwolle und gutes Leinen. Und handeln Sie, besonders, wenn Sie sich mehr als ein Teil anfertigen lassen.

MARCO POLO TIPPS FÜRS SHOPPING

1. **Art and Antique Center**
   Antiquitäten und Schau (Seite 53)
2. **Nachtmärkte**
   Souvenir, Souvenir (Seite 56)
3. **Old Siam Plaza**
   Shopping mit Flair (Seite 54)
4. **Siam Center**
   150 Geschäfte unter einem Dach (Seite 54)
5. **Silom Road**
   Schwelgen in Seide (Seite 59)
6. **Silom Village**
   Kleider, Kunst und Kuriositäten (Seite 56)
7. **Thewes Market**
   Blumenpracht entlang dem Kanal (Seite 58)
8. **Wochenendmarkt**
   Hier gibt's alles, von Antiquitäten bis zur Pythonschlange (Seite 58)
9. **World Trade Center**
   Luxus verteilt auf sechs Stockwerken (Seite 54)

Viele Gold- und Schmuckgeschäfte gibt es in der Yaowarat Road in Chinatown, in und um Silom und Charoen Krung Road. Man sollte sich immer eine genaue Quittung über den Goldanteil, über Steine und Karat ausstellen lassen. Wer sich lange genug in Thailand aufhält, kann sich vom AIGS (Asian Institute of Gemmological Science) Echtheitsexpertisen fertigen lassen. Eine Zweigstelle ist im Rama Jewelry Building, gegenüber dem Holiday Inn Hotel, 987 Silom Road; eine weitere Zweigstelle in 484 Ratchadapisek Road. Antiquitäten kauft man gut im River Shopping Komplex und in vielen Geschäften rund um die Nobelhotels Oriental und Shangri-La. Hier können Sie auch Bronzestatuen kaufen, die vom Ladeninhaber zu recht günstigen Preisen zum Heimatort verschifft werden.

Lederwaren, von großen Reisetaschen bis zu Stiefeln, finden Sie in den Geschäften der Sukhumvit Road; günstige Mode, die auch europäischem Geschmack entspricht, in den Geschäften um den Siam Square.

Und noch ein Tipp: In Bangkok, wie überhaupt in ganz Thailand, sind Medikamente extrem billig und meist rezeptfrei; die Antibabypille kostet beispielsweise dort nur einen Bruchteil dessen, was in Deutschland bezahlt werden muss.

ANTIQUITÄTEN

In der Gegend um das Oriental und Shangri-La, im River City Shopping Komplex, am Siam-Square, in den Einkaufspassagen der großen Hotels.

Art and Antique Center **(115/F 3)**
★ Im Art and Antique Center bekommt man eine ordentliche Beratung, vernünftige Preise und Echtheitszertifikate. Jeden ersten Samstag im Monat gibt es Auktionen. *Im River Shopping Complex*

International Antique Watch-Center **(115/F 4)**
Von der Rolex aus den 50er Jahren bis zu schönem Silberschmuck ist alles zu haben. *70 bis 72 Charoen Krung Rd., gegenüber vom Shangri-La*

Moradok **(115/F 3)**
Antikes Silber, vom Schmuck bis zur Teekanne. *River City Complex, Raum 302*

BUCHLÄDEN

Asia Books
Große Auswahl, auch an englischer Literatur. Verschiedene Zweigstellen.
(117/F 2) *221 Sukhumvit Rd., zwischen Soi 15 und Soi 17*
(117/F 2) *1. und 3. Stock des Landmark Plaza, Sukhumvit Rd.*
(113/D 6) *World Trade Center*

White Lotus **(117/D 4)**
Ausgefallene Bücher und Raritäten über Thailand und Südostasien, auch in Englisch und Deutsch. *26 Soi Attakarn Prasit, Nähe Goethe-Institut*

KAUFHÄUSER UND SHOPPINGKOMPLEXE

Amarin Plaza **(117/D 1)**
Designerprodukte, viele Boutiquen und eine Zweigstelle des Sogo-Kaufhauses sind hier zu finden. *Phloenchit Rd./Ratchadamri Rd.*

Stadt der Engel

Bangkok ist nur der Touristenname. Einheimische nennen die Hauptstadt Krung Thep. Das ist die Abkürzung von Krung Thep Mahanakorn Amorn Rattanakosin Mahintara Mahadirok Popnoparat Ratchathani Burirom Udommahasthan Amornpiman Awathansathit. Das bedeutet: »Die Stadt der Engel und höchste Stätte der neun unschätzbaren Edelsteine.«

Central Department Store
Mit mehreren Filialen. Das Haupthaus ist eines der ältesten in Bangkok und soll das größte in Südostasien sein. Eine weitere Zweigstelle gibt es im neuen **(117/D 1)** *World Trade Center* **(117/D 1)** *Phloenchit Rd./Chidlom Rd.*

Mahboonkrong Center (116/B 1)
Riesiger Shoppingkomplex mit mehreren Hundert Shops. Hier kaufen die Thais ein. Billig, aber nicht schlecht. Gut für T-Shirts, Jeans. Im Mahboonkrong Center gibt es auch ein Tokyu Departmentstore. Im 6. Stockwerk ist ein großes Foodcenter. *Phaya Thai Rd.*

Old Siam Plaza (111/D 6)
★ Shopping in einer liebevoll restaurierten Markthalle mit historischem Flair. Der ehemalige Ming-Muang-Markt wurde zu einem fünfstöckigen Einkaufszentrum umgebaut, ohne dabei an Charme zu verlieren. Man sollte unbedingt einen Blick in den FoodMarket werfen, er lädt mit seinem reichen Angebot zum Schlemmen ein. *66 Charoen Krung*

River City Shopping Complex (115/F 3)
Über 60 verschiedene Geschäfte. Besonders gut für Antiquitäten, handwerkliche Arbeiten, Seide. Außerdem Schneidereien, Boutiquen und Schuhgeschäfte. *Neben Royal Orchid Sheraton*

Siam Center (113/D 6)
★ 150 verschiedene Modeboutiquen der gehobenen Klasse auf drei Stockwerken. Überwiegend junge Mode. Ebenfalls Schneidereien mit 24-Stunden-Service, Schmuck- und Elektronikgeschäfte. *Rama I Rd.*

Siam Discovery Center (113/D 6)
Witzige Mode auf mehreren Stockwerken und ein Cybercafé namens Byte in a Cup im 4. Stock. *Siam Square*

Silom Complex (116/C 3)
Verschiedene Modeboutiquen der gehobenen Klasse auf fünf Etagen. Besonders gute Schuh- und Taschengeschäfte im Erdgeschoss mit vernünftigen Preisen. *Rama IV/Silom Rd.*

World Trade Center (113/D 6)
★ Das World Trade Center ist in Bangkok *der* Boutiquenkomplex der Luxusklasse. Viele der exklusiven Modeschöpfer sind, auf den sechs Stockwerken des Gebäudes verteilt, mit schicken Boutiquen vertreten. Hier kann man auch für teures Geld statt Kopien die Originale kaufen. *Ratchadamri Rd./Rama I Rd.*

KUNSTHANDWERK, MESSING- UND BRONZEARTIKEL

Viele Geschäfte in der Gegend rund ums Oriental und Shangri-La Hotel. Ein Preisvergleich lohnt sich.

Central Department Store (117/D 1)
Zu Festpreisen gibt es hier Bronze- und Messingarbeiten, Schnitzereien, Figuren und Lackarbeiten, unter anderem finden Sie hier auch Kunsthandwerk von den Bergstämmen. *Zweigstelle Chidlom, Phloenchit Rd.*

Chitralada Shop (115/F 4)
Hier wird Kunsthandwerk aus den Projekten von Königin Sirikit verkauft: von Korbwaren über Schmuck bis zu besonderen Seidenstoffen, die nach einer ganz speziellen Technik gewebt sind. *Oriental Plaza Arcade, 4. Stock*

Hilltribe Foundation (113/D 6)
Ausgefallene Pfeifen, Kleider, Teppiche oder Taschen sowie viel Schmuck und Stickereien von den Bergstämmen aus Nordthailand. Das Geschäft steht unter der Schirmherrschaft der Königinmutter. Es ist gut sortiert, allerdings nicht billig. *195 Phaya Thai Rd., hinter dem Siam Center*

Lin Plaza Gems & Thai Silk Ltd. (115/F 4)
Schöne Bronzefiguren, beispielsweise Tempellöwen in allen Größen. Seide. Zuverlässig in der Verschiffung. *1–7 Chartered Bank Lane, Nähe Oriental-Hotel*

Auf diesem Markt tragen sich die Elefanten gegenseitig

Silom Village **(116/B 4)**
★Hier geht es sehr touristisch zu. Viele kleine Läden mit Kunstgegenständen in allen Preisklassen. Handeln geboten! *286/1 Silom Rd.*

Thai Home Industries **(115/F 4)**
Korbwaren, Schattenfiguren, Perlmutt-Eierlöffel, witziges Stahlbesteck. Festpreise. *35 Oriental Ave.*

LEDERWAREN

Am besten und preiswertesten auf der Sukhumvit-Road. Exklusivere Produkte in den Shoppingkomplexen.

Nantika **(116/C 3)**
Ausgefallene Schuhe und Taschen. Im Erdgeschoss des Silom-Complex. *Silom Complex*

Patou **(117/D 2)**
Hat eine Lizenz von Charles Jourdan; fertigt auch Schuhe an. *95/Ratchadamri Rd.*

Ragazze **(113/D 6)**
Hochwertige Lederschuhe, Taschen und Gürtel für den eher konservativen Geschmack. *3. Stock Siam Center*

MÄRKTE

Amulettmarkt **(111/E 5)**
Gegenüber dem Wat Sakhet werden die Glücksbringer verkauft. Es gibt verschiedene Amulette für die verschiedensten Wünsche: Unverwundbarkeit, Mannesstärke oder einfach Glück im Leben. Zudem werden Buddha-Statuen in allen Größen und religiöses Zubehör verkauft. *Am Wat Rachanada*

Bang-Rak-Markt **(115/E–F 5)**
Täglicher Frucht-, Gemüse- und Pflanzenmarkt, genau zwischen Silom und Sathorn Road, kurz vor der Taksin-Brücke. *Im südlichen Teil der New Rd., Charoen Krung Rd.*

Chatuchak-Blumenmarkt **(O)**
Südlich des Wochenendmarktes. Hier gibt es Pflanzen aller Art. Im Gegensatz zum Wochenendmarkt ist er sieben Tage in der Woche geöffnet. *Nähe Phahon Yothin Rd.*

Diebesmarkt (Nakhon Kasem) **(115/E 1)**
Die Zeiten, in denen hier die Diebesbeute an den Mann gebracht wurde, sind längst vorbei. Mitten in Chinatown gelegen. Billigste Elektro- und Elektronikgeräte werden hier angeboten, allerdings ohne Garantie; viele Musikkassetten und Videofilme. Außerdem gibt es imitierte Antiquitäten. Wer Geduld hat und sich auskennt, kann darunter auch ein echtes Stück finden. *Charoen Krung Rd.*

Nachtmärkte
★Ruhige Straßenzüge und Plätze verwandeln sich, besonders abends, in Warenhäuser. Neben den normalen Hausgebrauchsartikeln gibt es hier nichts, was nicht imitiert ist. »Marken«-T-Shirts, Kleider, Taschen, Gürtel. All das, worüber sich die Modehersteller ärgern. Hier kauft man auch am besten Andenken und Geschenke, von schönen Handwerksarbeiten aus dem Norden, wie bestickten Wandteppichen und Taschen, bis zu Holzschnitzereien. Zudem gibt es Modeschmuck und die neuesten Mu-

sikkassetten zu Dumpingpreisen. Außerdem kaufen Sie hier günstig Kinderkleidung und Lederwaren. Aber um diese Nachtzeit sollten Sie noch beharrlicher handeln als tagsüber. Die größten Nachtmärkte finden Sie in folgenden Gegenden:
(116/B–C 3) *Patpong 1 und Patpong 2*
(116/C 3) *Silom Rd.*
(117/E 1) *Soi 1, Sukhumvit Rd.*

Pahurat-Markt (115/D 1)
Ein indischer Kleidermarkt. Gebatikte Sarongs, T-Shirts und jede Menge andere Kleidung, die aber dem europäischen Qualitäts- und Geschmacksempfinden nicht so nahe kommt. Im obersten Stockwerk gibt es indischen Schmuck, Räucherstäbchen und Kunstgegenstände. *Pahurat Rd.*

Pak Klong Talaat (115/D 2)
Besonders am frühen Morgen ist hier die Hölle los. Boote entladen Obst, Gemüse, fangfrische Fische und andere Lebensmittel, die Händlern und Besuchern

Ein reich sortierter Gemüsemarkt in Thonburi

verkauft werden. *Am Fuße der Memorial Bridge*

Pratunam-Markt **(113/E 6)**
Im Freien und in einer großen Markthalle gibt es alles, was der Thai für sein tägliches Leben braucht. Näherinnen schneidern und nähen alles, angefangen beim Bikinihöschen bis zum Freizeitdress. *Phetchaburi Rd./Rachadamri Rd.*

Talaat Kao **(115/E 1)**
Einer der ältesten Märkte in Bangkok. Ihn gibt es schon seit rund 200 Jahren. Hauptsächlich werden Lebensmittel angeboten. Am besten ist er morgens zu besuchen, wenn die Händler mit ihren frischen Fischen kommen. *Am Fuße der Memorial Bridge (Phraphutiayothan Bridge)*

Thewes Market (Blumenmarkt) **(112/A 1)**
★ Tausende verschiedener Orchideenarten, Palmen und alles, was die Blumenwelt sonst noch zu bieten hat, können Sie hier bewundern. Ein einschmeichelndes Ambiente umgibt die alten hochherrschaftlichen Häuser an der Straße am Kanal. Auf der anderen Seite des Klongs ist ein großer Obst- und Gemüsemarkt. *Luk Luang Rd.*

Wochenendmarkt (Suan Chatuchak) **(O)**
★ Hier kann man sich die Füße wund laufen und vor lauter Waren das Kaufen vergessen. Auf 125 Hektar verteilen sich 5000 kleine Verkaufsparzellen, in denen alles angeboten wird, was das Herz begehrt: Kupfer, Schmuck, Antiquitäten, Kleidung, Handwerksprodukte aus dem ganzen Land, Früchte und jede Menge Haushaltswaren. Integriert sind außerdem ein Tiermarkt, falls Sie Lust auf eine lebende Pythonschlange haben sollten, und ein Blumenmarkt. *Sa und So 6.30–22 Uhr, Phahon Yothin Rd. (gegenüber vom Northern Bus Terminal)*

MODE

Mode für jeden Geschmack und Geldbeutel finden Sie in den Shoppingcentern, den Shoppingarkaden. Viele der Boutiquen liegen rund um den Siam Square.

Die meisten Geschäfte führen nur kleine Größen, da sie sich mehr auf die thailändischen Kunden eingestellt haben als etwa auf die europäischen. Aber schauen Sie sich auf den verschiedenen Märkten um.

SCHMUCK

Viele Geschäfte liegen an der Silom Road, Sukhumvit Road und auf der Yaowarat Road in Chinatown.

Marshall Jewellers **(116/A 4)**
Genießt seit 40 Jahren einen guten Ruf. *999 Silom Rd., Nähe Holiday Inn*

Rama Jewelry **(116/A 4)**
Gleich gegenüber vom Holiday Inn Hotel. Renommiert seit 30 Jahren. *987 Silom Rd., Tel. 233-42 22, 234-75 21*

Supermarket of Gems **(116/A 4)**
Hier kaufen Einkäufer. Große Auswahl in rund 60 m langen Schaukästen, verlässliche Qualität. Fixpreise. *Galleria, Silom Rd.*

Thai Lapidary **(112/C 5)**
Schöne Fassungen nach Wunsch, bekannt für Steine mit hervorragender Qualität. *277/122 Rama I Rd.*

Tok Kwang **(116/B 4)**
Wer Perlen liebt, wird hier fündig. Die Ware ist teuer, dafür aber gut. *224-6 Silom Rd.*

SCHNEIDER

Die besten Schneiderläden sind auf der Sukhumvit Road und auf der New Road Richtung Silom Road ab General Post-Office.

Bangkok International **(113/D 6)**
Damen- und Herrenschneider, der sogar einen Preis für gute Arbeit gewonnen hat. Nahe der indonesischen Botschaft. *252/253 Pantip Plaza, 2. Stock, Phetchaburi Rd., Tel. 255-30 81*

Marco Tailor **(116/C 1)**
Der Schneider genießt einen sehr guten Ruf. *430/33 Siam Square, Soi 7, Tel. 252-06 89*

A. Song Tailor **(115/E 4)**
Klein und unscheinbar, aber hier lassen sich sogar Promis aus aller Welt zu günstigen Preisen einkleiden. *8 Trok Chartered Bank Lane, Off New Road, 38, Tel. 235 27 53 und 235 31 90*

SEIDE

Gut und günstig Seide kaufen kann man auf der Sukhumvit Road, ★ Silom Road und New Road zwischen General Post-Office und Silom Road.

Anita Thai Silk **(116/A 4)**
Große Auswahl, auch in Baumwollstoffen und Geschenkartikeln aus Seide. *295/4–5 Silom Rd.*

Anna Thai Silk **(116/B 4)**
Viel Auswahl, schöne Dessins. In regelmäßigen Abständen gibt es Sonderverkäufe. *316 Silom Rd.*

Design Thai **(116/B 4)**
Neben Seide vom Ballen werden hier auch fertige Kleider verkauft. *304 Silom Rd.*

Jim Thompson's Thai Silk **(115/C 3)**
Das ist das älteste und berühmteste Geschäft der Stadt. Schöne Dessins, erste Qualität, aber entsprechend teuer. *9 Surawong Rd.*

VISITENKARTEN

Für rund 150 Baht können Sie sich witzige Visitenkarten im Schnellverfahren anfertigen lassen. Beispielsweise im Erdgeschoss des Siam-Center oder im 6. Stock des Mahboonkrong Center.

Kleider machen Leute

Selbst die Ärmsten der Armen sind stets sauber und ordentlich gekleidet. Denn Kleidung bedeutet Prestige. An der Kleidung wird die gesellschaftliche Stellung, die eine Person einnimmt, gemessen. Kein Thai würde sich durch schlampige oder zerrissene Garderobe selber abwerten. Deshalb belächeln Thais auch mitleidig Touristen, die lässig in kurzen Hosen, T-Shirt und Badeschuhen durch die Stadt spazieren.

Traumhaft schlafen

Noble Luxusherbergen und schlichte Unterkünfte. Bangkok hat für jeden Geldbeutel ein passendes Bett

Egal ob man 50 000 Baht für eine Suite mit allem Schnickschnack oder nur 150 Baht für ein Bett in einem der zahlreichen Gästehäuser auf der Khao San Road ausgeben will, ein Mangel an Unterkünften herrscht ganz bestimmt nicht. Der Tourismus boomt.

Trotzdem sollten Sie während der Hochsaison, von November bis März, ganz besonders aber während der Weihnachtssaison, vorab ein Zimmer bestellen, wenn Ihnen daran liegt, nach langem Flug ohne Stress Ihr Haupt zu betten. Wer das versäumt hat, kann in der Ankunftshalle des internationalen Flughafens »Don Muang« bei der Hotelvermittlung reservieren. Zeigen Sie sich unentschlossen, wird Ihnen auch Discount angeboten. Hotelinformationen auch über www.bangkoknet.com/travel.html.

Egal für welche Hotelkategorie Sie sich entscheiden – nirgends auf der Welt ist das Servicepersonal so freundlich wie hier im Land des Lächelns. Bangkok genießt den Ruf, pro Gast das meiste Personal zu haben. Die Liebenswürdigkeit der Menschen wirkt auch nicht gespielt, angefangen vom Zimmermädchen bis hin zum Portier, der sich um die Gepäckaufbewahrung kümmert, wenn man für ein paar Tage auszieht, um einen Kurztrip zu Sonne, Meer und Strand zu machen.

Abgesehen von den Billigunterkünften, die oft nur Ventilatoren in den Zimmern haben, haben alle Hotels Klimaanlagen. Bei den meisten Mittelklassehotels gehören auch Fernseher, Minibar und Telefon in den Zimmern zum Standard. Nicht wenige Hotels haben auch einen Pool.

Die Luxushotels genügen höchstem internationalem Standard. Sie verfügen über Swimmingpools in oft sehr schönen tropischen Gärten, haben Businesscenter, eigene Einkaufspassagen, Sportmöglichkeiten und Health-Clubs. Entspannung bei Thai-Massagen, denen hier nichts Anrüchiges anhaftet, sei empfohlen. Oder wie wäre es mit einem Cocktail unter Palmen und zwischen exotischen Pflanzen in einem Hotelgarten. Besonders schön im Oriental Hotel ist dabei der Blick auf den Chao Phraya oder im Garten des

Das Oriental – es gilt als eines der besten Hotels der Welt. Luxus paart sich mit Nostalgie. Hier der moderne Flügel

Hilton Hotels unter Mango- und Ananasbäumen zu sitzen.

In allen Luxushotels und Hotels der 1. Kategorie gibt es Diskotheken und Nachtclubs. Sie haben verschiedene Restaurants; das üppige Frühstücksbuffet bietet eine reiche Auswahl an exotischen Früchten und zahlreiche Gaumenfreuden. Frühstück ist normalerweise nicht im Hotelpreis inbegriffen.

In einfacheren Hotels kann man überall ein amerikanisches Frühstück mit Eiern, Kaffee und Toastbrot ordern, das umgerechnet zwischen zwei und sechs Mark kostet.

Vor der Wahl Ihres Hotels sollten Sie sich genau den für die geplanten Aktivitäten günstigsten Standpunkt überlegen. Denn die Wege in Bangkok sind weit, der Verkehr chaotisch und stressig. Ideal sind Hotels am Chao Phraya, besonders wenn Sie viele Besichtigungen planen, aber daneben auch Entspannung auf dem Programm steht. Von dort aus kann man erholsam mit dem Expressboot viele Wats und den Grand Palace erreichen. Das macht mehr Spaß, als sich mit Tuk-Tuks oder Taxis durch die Abgase zu quälen, vor allem weil während der Rushhour der Verkehr fast in der gesamten Innenstadt zusammenbricht.

Berühmt ist das Oriental Hotel, das als eines der besten und schönsten Hotels der Welt gilt, allerdings auch entsprechend teuer ist. Wer im alten Trakt schlafen will, einen Hauch Vergangenheit schnuppern möchte, der von Somerset Maugham und Joseph Conrad in ihren Büchern beschrieben wurde, muss lange vorher reservieren. Der neue Teil des Hotels ist ebenso modern wie das Konkurrenzhotel Shangri-La.

Oder Sie wählen Ihre Bleibe in der Altstadt, in der Nähe des

MARCO POLO TIPPS FÜR HOTELS

1 **Ambassador**
Preiswert in dieser Klasse im Einkaufsviertel (Seite 65)

2 **Manhattan**
Preiswert und familienfreundlich (Seite 68)

3 **The Menam Hotel**
Luxus am Fluss (Seite 65)

4 **River View Guest House**
Große Zimmer zu kleinen Preisen (Seite 69)

5 **Royal**
Alter Charme im Königsviertel (Seite 68)

6 **Siam Intercontinental**
Oase der Ruhe im Einkaufsviertel (Seite 66)

7 **Stable Lodge**
Entspannen am Pool und grillen im Garten (Seite 69)

8 **Tara Hotel**
Große Lobby und Terrasse, Pool im 8. Stock (Seite 68)

9 **Viengtai**
Pool und Dachterrasse für schmale Geldbeutel (Seite 69)

Die Lobby des weltberühmten Oriental

Königspalastes. Shopping und Nachttrubel gibt es an der Sukhumvit Road oder an der Rama IV Road, von wo aus es nicht weit zum Silom-Einkaufsviertel und nach Patpong, der sündigen Meile, ist. Wer schnell beim Siam und World-Trade-Einkaufscenter sowie dem Jim Thompson's Thai House sein möchte, wählt eine Lage entlang der Rama I.

Schwieriger bei der Hotelfindung wird es, wenn man einfachere Ansprüche für den schmaleren Geldbeutel befriedigen will. Diesen Hotels fehlt es leider oft an Charme und manchmal auch an Sauberkeit, deshalb ist es gerade in dieser Kategorie besonders problematisch, eine vernünftige Bleibe in Bangkok zu finden.

Beliebt bei jungen Leuten und Reisenden mit sehr schmalem Budget sind die Gästehäuser, die sich rund um die Khao San Road angesiedelt haben. Sie sind einfach, meistens mit Etagentoilette und Dusche, aber überwiegend sauber. Trotzdem kann es nicht schaden, vorher einen Blick ins Zimmer zu werfen. Einziger Nachteil: Hier kann es nachts ziemlich laut werden, da die Wände nur aus dünnen Spanplatten bestehen. Da bekommt man leicht das Gefühl, beim Nachbarn im Bett zu liegen. Aber für umgerechnet rund zehn Mark fürs Doppelzimmer kann man nicht mehr verlangen.

Apropos Preis: In den letzten Jahren sind die Zimmerpreise enorm in die Höhe geschossen. Faustregel: In Hotels richtet sich der Preis immer nach dem Zimmer, nicht nach der Anzahl der Personen. Einzelzimmerpreise sind, außer in Luxushotels, unbekannt. Außerhalb der Saison

Luxushotels in Bangkok

Grand Hyatt Erawan **(117/D 1)**
Das Luxushotel hat eine bemerkenswerte Lobby: mit edlem Boden aus Mahagoni, künstlichen Wasserfällen und Springbrunnen. Die Zimmer sind groß und hell. Pool, Fitnessstudio, Tennisplätze, verschiedene Restaurants. Direkte Verbindung zum vier Stockwerke hohen eigenen Einkaufszentrum. 400 Zimmer. Ab 5000 Baht. *494 Ratchadamri Rd., Tel. 254-12 34, Fax 253-58 56, www.hyatt.com/pages/b/banghn.html*

Hilton International **(113/E 6)**
Im großen tropischen Park stehen Mango-, Durian- und Brotfruchtbäume. Kleine Lotosteiche kann man auf Teakholzbrücken überqueren. Außerdem: Swimmingpool, 2 Tennisplätze, Squashcourt, Einkaufspassagen und Healthclub. 4 Restaurants. Das französische Gourmetrestaurant *La Maison* ist eines der besten der Stadt. Auf Wunsch erhalten Sie Butlerservice. Alle Zimmer haben Balkons. 306 Zimmer, 37 Suiten. Ab 4600 bis 8000 Baht. *Wireless Rd., Tel. 253-01 23, Fax 253-65 09*

Oriental **(115/F 4)**
Das Tophotel am Chao Phraya. Luxus gepaart mit Nostalgie im Kolonialstil. Es gilt als bestes Hotel der Welt. Schon Somerset Maugham und Joseph Conrad residierten hier. Am schönsten wohnt es sich im alten Gebäude. Im tropischen Garten sind 2 Pools. Außerdem: Sportkomplex, Tennisplätze, 8 Restaurants, Einkaufskomplex, Helikopterservice zum Flughafen. 360 Zimmer, 34 Suiten. Ab 5300 Baht. *48 Oriental Avenue, Tel. 236-04 00, 236-04 20, Fax 236-19 39, www.regit.com/regitel/thailand/bangkok/oriental/home.htm*

Shangri-La **(115/F 4)**
Das Shangri-La, ebenfalls am Chao Phraya, kämpft mit dem Oriental um die Spitzenposition. Im Garten gibt es einen Pool, 2 Tennis- und Squashplätze. Auf dem Dach ist ein Hubschrauberlandeplatz. 7 Restaurants, allen voran das *Salathip*, direkt auf den Fluss gebaut, und *La Tache*, eines der besten französischen Restaurants der Stadt. 650 Zimmer, 47 Suiten. Ab 4800 bis 45 300 Baht. *89 Soi Wat Suan Plu, New Rd., Tel. 236-77 77, Fax 236-85 79, www.planetholiday.com/Hotels/Bangkok/Shangril.htm*

The Peninsula **(115/E 4)**
Die neueste Luxusherberge direkt am Fluss. Pro Zimmer wurden rund 750 000 Mark verbaut, damit jeder Gast Faxgerät, Internetanschluss und sogar einen Fernseher im Badezimmer hat. Das Interieur glänzt in Marmor, Teak und Chrom. Pool auf drei Ebenen, großes Sport- und Fitnessangebot. 310 Zimmer, 60 Suiten. Ab 6600 Baht. *333 Charoennakorn Rd., Klongan, Tel. 861-28 88, Fax 861-11 12*

kann man, besonders wenn man länger bleibt, handeln. Ein Versuch lohnt sich auf jeden Fall.

Die Preise der nachfolgend aufgeführten Hotels gelten pro Nacht für das Doppelzimmer mit Einzel- oder Zweierbelegung ohne Frühstück.

HOTELS KATEGORIE 1

(Für Anspruchsvolle ab 200 Mark)

Ambassador **(117/F 2)**
★ Das Hotel liegt im Geschäfts- und Einkaufsbezirk und hat einen großen »Food Market«, der verschiedene thailändische Gerichte anbietet. Dazu gibt es Restaurants mit europäischer, japanischer und chinesischer Küche und ein Fischrestaurant, 3 Bars, einen Coffeeshop, 24-Stunden-Service, einen Swimmingpool und ein Fitnessstudio, das relativ preiswert ist. 946 Zimmer. *171 Sukhumvit Rd., Tel. 254-04 44, Fax 253-41 23, www.regit.com / regitel / thailand / bangkok / ambassad/home.htm*

Dusit Thani **(116/C 3)**
Luxushochbau (gegenüber dem Lumphini Park), für 12 Millionen Dollar aufwendig renoviert. 23 Stockwerke. Das Haus hat ein Dachrestaurant mit Panoramablick, einen schön gelegenen Pool und 7 Restaurants. 483 Zimmer, 37 Suiten. *946 Rama IV Rd., Tel. 238-00 32, Fax 236-64 00, www.royalprincess.com/jorm/rbkk.html*

Holiday Inn Crown Plaza **(116/A 4)**
Günstig gelegen für Shopping und Nachtleben, an der Silom Road. Außerdem bietet das Holiday Inn eine eigene Einkaufspassage mit 88 Geschäften. Ein Neubau, der 1991 fertig gestellt wurde. Standardzimmer im Einheitslook. 4 Restaurants, Swimmingpool, Tennisplatz, Fitnessstudio. 24-Stunden-Zimmer-Service. 740 Zimmer. *981 Silom Rd., Tel. 238-43 00, Fax 253-65 09*

The Mandarin **(116/B 2)**
Mitten im Herzen Bangkoks, nicht weit vom Silom-Einkaufsviertel und der sündigen Meile entfernt. Es gibt zwei Restaurants; davon ist das *Krua Luang Restaurant,* mit thailändischer, chinesischer und europäischer Küche, 24 Stunden lang geöffnet. Pool. 389 Zimmer, 11 Suiten. *662 Rama IV Rd., Tel. 234-13 90, Fax 237-16 20*

The Mansion Kempinski **(117/F 1)**
1991 wurde es in einer ruhigen Seitenstraße der Einkaufsmeile Sukhumvit Road eröffnet. Das Ambiente ist luxuriös, extrem groß die Zimmer. Butlerservice wird auf allen Etagen geboten. Im Garten können die Gäste ein Schwimmbad mit Whirlpool genießen. 127 Zimmer. *75/23 Sukhumvit, Soi 11, Tel. 255-72 00, Fax 253-23 29*

The Menam Hotel **(115/E 6)**
★ Von dort haben Sie einen Traumblick; es ist schön am Chao Phraya gelegen. Ein Hotel der Luxusklasse mit großer Flussterrasse, Garten und Pool, 6 Restaurants, einem rund um die Uhr geöffneten Coffeeshop mit thailändischer, europäischer und japanischer Küche. Kostenloser Bootszubringerservice. 697 Zimmer, 30 Suiten. *2074 New Rd., Tel. 289-11 48, 289-03 52, Fax 291-10 48, 291-94 00*

Le Meridien President **(117/D 1)**
Ein Luxushotel in zentraler Lage nahe dem Siam Shoppingcenter. Es besitzt eine eigene Einkaufspassage, einen Nachtclub, 3 Restaurants, einen 24-Stunden-Room-Service, Fitnessstudio und Pool. 357 Zimmer. *135/26 Gaysorn Rd., Tel. 253-04 44, Fax 253-75 65*

Narai Hotel **(116/B 4)**
Zentral gelegen. Mit Bangkoks einzigem drehenden Restaurant im 15. Stock. 2 Restaurants, ein 24-Stunden-Coffeeshop, Pool. Relativ preiswert. 464 Zimmer, 36 Suiten. *222 Silom Rd., Tel. 237-01 00, Fax 236-71 61*

Rama Gardens Hotel **(O)**
Luxuriöses Resorthotel zum Entspannen, es hat einen hübschen Garten mit langen Joggingpfaden, ein Gesundheitszentrum mit Gymnastik, Tennis- und Squashplätzen und einem Tischtennisraum. Eigene Einkaufspassagen. 3 Restaurants, Nachtclub. Shuttlebus in die Innenstadt. 360 Zimmer, 12 Suiten. *9/9 Vibhavadi Rangsit Rd., Tel. 579-54 00, Fax 561-10 25*

Regent **(117/D 2)**
Von hier schauen Sie auf den Royal Bangkok Sports Club und haben es auch nicht weit zur Einkaufsmeile. Das Hotel liegt in einem schönen Garten mit kleinem See. Fitnesscenter, Pool, zwei Squashplätze. 24-Stunden-Roomservice. 6 Restaurants. *Rimsra Terrace* liegt direkt am Pool. 373 Zimmer, 32 Suiten, 7 Chalets mit Terrasse. Ab 4200 bis 36 000 Baht. *155 Rachadamri Rd., Tel. 251-61 27, Fax 253-91 95*

Royal Orchid Sheraton **(115/F 2)**
Luxushochbau am Chao Phraya, neben dem River City Shopping Center, mit Tennisplätzen, Fitnesscenter, Pool. Viele Packagetouristen. 773 Zimmer. Ab 4300 bis 30 000 Baht. *2 Captain Bush Lane, Siphya Rd., Tel. 234-55 99, 237-00 22, Fax 236-83 20*

The Royal River **(111/D 2)**
Direkt am Chao Phraya gelegenes, 10-Etagen-Luxushotel mit 3 Restaurants, 24-Stunden-Zimmerservice, Pool. 442 Zimmer, 14 Suiten. *670/805 Charansanitwong Rd., Tel. 433-03 00, 433-02 00, Fax 433-58 80*

Siam City Hotel **(113/D 5)**
Das 1990 neu eröffnete Haus hat 5 Restaurants, ein Fitnessstudio, Pool und Einkaufspassagen. 460 Zimmer, 69 Suiten. *477 Si Ayutthaya Rd., Tel. 247-01 20, 247-01 30, Fax 247-01 78*

Siam Intercontinental **(113/D 6)**
★ Kein hoher Betonklotz, sondern ein sympathischer Flachbau im modernen Thai-Stil mit Pagodendach. In allen Zimmern stehen Teakmöbel. Der 9 Hektar große Garten ist eine Oase der Ruhe. Außerdem Golf- und Tennisplatz, Pool, ein 8 km langer Joggingpfad und ein kleiner See. Mitten in einem Shoppingbezirk gelegen, gleich neben dem Siam und World Trade Center. 400 Zimmer. *967 Rama I Rd., Tel. 253-03 55-7, Fax 253-22 75*

The Sukothai **(116/C 4)**
1992 unter deutschem Management eröffnet, liegt es nahe den Geschäften der Silom Road. Ele-

Siam Intercontinental – ein Flachbau in modernem Thai-Stil

gantes Ambiente mit ausgefallenem, puristischem Design, Marmor und edlen Hölzern, große Badezimmer. Pool, Squash- und Tennisplätze, Fitnesscenter. Der große Garten wird aufgelockert durch Teiche mit Fischen und Seerosen. 3 Restaurants. 146 Zimmer, 76 Suiten. *13/3 South Sathorn Rd., Tel. 2870222, Fax 287-4980*

HOTELS KATEGORIE 2

(Für mittlere Ansprüche ab 100 Mark)

Airport-Hotel **(O)**
Nur wirklich empfehlenswert, wenn Sie sich nicht vom Flughafen entfernen wollen: das Haus hat wenig Atmosphäre und ist teuer. Pool, Fitnessstudio, kostenloser Zubringerbus in die Stadt. 3 Restaurants. 289 Zimmer, 11 Suiten. *333 Chert Wudthakes Rd., Don Muang, Tel. 566-1020-1, Fax 566-1941*

Asia Hotel **(112/C6)**
Günstig gelegen für Shoppingfreaks. Nicht weit zum Siam und World Trade Center. Mit 2 Pools, 5 Restaurants und Bar. 600 Zimmer. *296 Phya Thai Rd., Tel. 215-0808, Fax215-4360*

Grand Tower **(O)**
Günstig für Shopping im Touristenviertel der Sukhumvit Road. Mit Pool, Restaurants, Billardraum, Fitnessraum und Friseur. 400 Zimmer. *22/1 Soi 55, Sukhumvit Rd., Tel. 259-0380, Fax 281-1030*

Impala **(111/E5)**
Mit Billardzimmer, Fitnessstudio, Sauna, Pool, Restaurant und Coffeeshop. 195 Zimmer. *9 Sukhumvit Rd., Soi 24, Tel. 259-0053, Fax 258-8747*

The Majestic Palace **(111/E5)**
Nur die günstige Lage spricht für das Haus, es liegt im historischen Viertel Bangkoks. Ansonsten zeichnet es sich durch ein eher unfreundliches Personal aus. Viele Pauschaltouristen, viele thailändische und japanische Gäste wählen das Majestic Palace. Mit Pool, Garten, Nachtclub und Restaurant. 67 Zimmer. *07 Ratchadamnoen Avenue, Tel. 280-5610-22, Fax 280-0965*

Manhattan **(117/F 2)**
★ Ein ruhiges Familienhotel nahe dem Vergnügungsviertel, mit Pool, Restaurant und Coffeeshop. 200 Zimmer. Preiswert. *13 Sukhumvit Rd., Soi 15, Tel. 234-5070, Fax 237-7662*

The Park Hotel **(117/E 1)**
Günstig zum Einkaufen und in der Nähe des Vergnügungsviertels der Sukhumvit Road. Mit Pool, Restaurant, Friseur, Gymnastikraum, Videothek. 139 Zimmer. *6 Sukhumvit Rd., Soi 7, Tel. 255-4300, Fax 255-4309*

Tara Hotel **(O)**
★ In der schönen, großen Lobby sind Teakholzschnitzereien; freundliches Personal, das auch mal Kaffee und Tee anbietet, während die Formulare ausgefüllt werden. Großer Pool im 8. Stock, mit Terrasse und Bar. *Sukhumvit Rd., Soi 26, Tel. 259-0053, Fax 258-8747*

HOTELS KATEGORIE 3

(Für einfache Ansprüche ab 50 Mark)

Comfort Inn **(117/F 1)**
Große Zimmer, etwas plüschig. 60 Zimmer. *Sukhumvit Rd., Soi 11, Tel: 251-9250, Fax 254-3562*

Fortuna **(117/E 1)**
Mittelklassehotel. Sehr sauber; für alle, die Nachtleben genießen wollen. Von der Halle aus kann man die Badenden im Pool beobachten. Disko. 110 Zimmer. *19 Sukhumvit Rd., Soi 5, Tel. 251-5127, Fax 253-6282*

Mido **(O)**
Etwas außerhalb, relativ nahe zum Dusit-Viertel. Mit Pool, Disko, Friseur und Restaurant. 220 Zimmer. *222 Pradiphat Rd., Tel. 279-4560-6, Fax 278-3412*

Nana **(117/E 2)**
Mit Pool, Friseur, Restaurant. 334 Zimmer. *4 Nana Tai, Sukhumvit Rd., Tel. 252-0121, 255-8383, Fax 255-1769, 255-8399*

Newrotel **(115/F 4)**
Mittelklassehotel mit sehr sauberen, hell eingerichteten Zimmern, aber nur im Hauptgebäude. Alle mit Fernseher, Telefon und Minibar. Freundlicher Service. Günstig nahe dem Oriental an der New Road gelegen. Zu Fuß fünf Minuten zum Bootsanleger. Amerikanisches Frühstück ist im Zimmerpreis eingeschlossen. 48 Zimmer. *1216/1 New Rd., Tel. 233-1406, 237-1094, Fax 237-1102*

Prince **(O)**
Mittelklassehotel mit Pool, Restaurant und kleinen Geschäften. 210 Zimmer. *1537/1 New Phetchaburi Rd., Tel. 251-6171-6, Fax 251-3318*

Ra-Jah **(117/E 2)**
Im Einkaufs- und Vergnügungsviertel. Mit Pool. Europäisches, chinesisches und thailändisches Restaurant. 450 Zimmer. *18 Soi 4, Sukhumvit Rd., Tel. 251-8563, 252-5102-9, Fax 255-7160*

Royal **(111/D 5)**
★ Für Bangkok-Einsteiger mit schmalerem Geldbeutel, die aber ganz nahe am Grand Palace wohnen wollen. Ehrwürdiges altes Hotel mit Pool, Restaurant und Coffeeshop. 300 Zimmer. *21 Ratchadamnoen Rd., Tel. 222-9111-26, Fax 224-2083*

Stable Lodge **(117/E 2)**
★ Eine kleine Oase im sonst so hektischen Sukhumvit-Viertel. Das Hotel ist unter dänischer Leitung. Die Zimmer sind zwar relativ klein, die meisten haben aber einen Balkon. Und es gibt einen kleinen Garten mit Pool. Allabendliches BBQ. 94 Zimmer. *39 Sukhumvit, Soi 8, Tel. 253-34 10-11, Fax 253-51 25*

Woodlands **(116/A 4)**
Mit Zimmern in zwei Preiskategorien. Im Erdgeschoss gibt es ein sehr gutes, recht günstiges indisches Restaurant. 55 Zimmer. *1158/5–7 New Rd., Tel. 235-38 84*

FÜR JUNGE LEUTE

(Zimmer für unter 50 Mark)

Carlton Inn **(117/E 2)**
Mit sehr schönen Zimmern. Alle mit TV, Klimaanlage und Minibar. 69 Zimmer. Ab 600 Baht. *2272–4, Sukhumvit Soi 2, Tel. 258-04 71, Fax 258-37 17*

D & D Inn **(111/D 4)**
Gutes Preis-Leistungs-Verhältnis und mitten in turbulentem Travellerviertel gelegen, daher vor allem bei jungen Leuten beliebt. Die relativ großen Zimmer der teureren Kategorie haben Klimaanlage, Telefon, Fernseher und natürlich ein eigenes Badezimmer. Ein Anbau und ein Pool sind in Planung. 300 bis 600 Baht. *68-70 Khao San Rd., Tel. 629 05 26-8, Fax 629 05 29*

J. + Joe House **(111/D 4)**
Im begrünten Innenhof kann man nett frühstücken und entspannen. Die renovierten Zimmer zum Innenhof sind ziemlich laut. 21 Zimmer. Ab 200 Baht. *1 Trokmayom Chakra Pong (nahe Khao San Rd.), Tel. 281-29 49*

Marco Polo Hotel **(111/D 4)**
Etwas abseits vom Travellertrubel in einer ruhigen Seitenstraße gelegen. Zimmer mit Aircondition und Bad. Es gibt auch ein recht gutes Restaurant. Ab 300 Baht. *1087-10 Khao San Rd., Tel. 281-17 15*

River View Guest House **(115/E 2)**
★ Ein etwas versteckt gelegenes Hochhaus, mit schönem Blick auf den Chao Phraya. Saubere, große Zimmer, teilweise mit Klimaanlage, Fernseher, Kühlschrank und Telefon. Die Zimmer mit Balkon und Blick auf den Fluss haben allerdings kein eigenes Badezimmer. Dafür kosten sie nur 400 Baht, sonst 600 Baht. Restaurant im obersten Stock mit Panoramablick. Etwa 3 km vom historischen Viertel entfernt. 210 Zimmer. *768 Soi Panurangsri, Songvad Rd., Tel. 235-85 01, Fax 237-57 71*

7 Holder Guest House **(111/D 4)**
Sauber, Zimmer mit Ventilator, aber ohne Bad. 120–320 Baht. *216/23 Khao San Rd., Tel. 281-36 82, 281-36 83*

Top Guest House **(111/D 4)**
Saubere Zimmer mit Bad für gerade mal 100 Bath. *126/1 Khao San Rd., Tel. 281-99 54*

Viengtai **(111/D 4)**
★ Saubere Zimmer mit privatem Badezimmer. Swimmingpool und Dachterrasse. Kleines Restaurant. 217 Zimmer. Ab 900 Baht. *42 Tanee Rd., Tel. 282-81 1923, Fax 280-35 27*

Bangkok-Kalender

Drachenwettkämpfe, Lichterspiele und Mönchsprozessionen – Bangkoks Feste muten immer exotisch an

Bangkok ist die Hauptstadt des Königreichs. Und Königen gleich verstehen die Thais zu feiern. Eine bunte Mischung aus Thailändern, Indern, Chinesen, Malaien und Birmesen (sechs Millionen Einwohner) zelebriert ihre eigenen Feste und die der anderen gleich mit. Viele Feiertage und Feste sind buddhistischen Ursprungs, richten sich nach dem religiösen Kalender und finden deshalb an wechselnden Daten statt. Noch vor einem halben Jahrhundert gab es pro Jahr 40 offizielle Feiertage, dazu kamen noch rituelle Festtage. Jetzt sind nur noch 13 amtliche Feiertage festgelegt, aber nach wie vor gibt es viele bunte Feste.

Silvester und Neujahr feiern Thais, obwohl sie überwiegend Buddhisten sind, nach europäischem Muster, mit Trubel, Feuerwerk und Raketen. Große Silvesterveranstaltungen gibt es aber nur in den Hotels. Steht das chinesische Neujahr bevor, breitet sich schon Tage vorher noch mehr Geschäftigkeit aus. Autos werden geschmückt, an der Straße verkaufen Händler religiöse Artikel, beispielsweise Papiergeld und bunte Papierdrachen, die Gläubige für ihre Toten verbrennen. Sie sollten unbedingt schon Tage vorher einen Rundgang durch Chinatown machen. Bunt und fröhlich, mit Kämpfen in den Lüften, geht die Drachenflugsaison (Februar bis Ende April) los. Einem Schauspiel in den Lüften kann man auch am Königsplatz, dem Sanaam Luang, beiwohnen. Bei gutem Wind ist der Himmel mit den farbenprächtigen Vögeln übersät. *Chula,* das ist der männliche Drache mit fünf oder sechs Flügeln, kämpft gegen *Pakpao,* den weiblichen Drachen, der mit nur zwei Flügeln wendiger ist und geschickt seinem Verfolger ausweichen kann. Wer selbst gern einen Drachen steigen lassen will, um beim Geschlechterkampf mitzumischen, kann solch einen bunten Vogel rund um den Platz kaufen.

Mit Lichterprozessionen wird die Vollmondnacht des dritten Mondmonates gefeiert, meistens Ende Februar. Nach Sonnenuntergang führen Mönche mit brennenden Kerzen in der Hand Laien dreimal um die buddhistischen Tempel. Es ist

Königen gleich verstehen Thais zu feiern. Hier eine Prozession anlässlich der 200-Jahr-Feier Bangkoks, der Hauptstadt Thailands seit 1782

Makha Bucha, das Fest, das zum Gedenken an die spontane Versammlung von 1250 Buddha-Schülern anlässlich einer Predigt Buddhas gefeiert wird.

Ausgelassene drei bis fünf Tage verspricht das *Songkran.* Das ist das traditionelle Neujahrsfest am 13. April, dem Tag, an dem die Erde ihren jährlichen Kreislauf um die Sonne beendet hat. Songkran bedeutet Frühlings-Tagundnachtgleiche. Eine Sage berichtet, dass der eifersüchtige Feuergott Maha Phrom einem Rivalen drei Fragen stellte und schwor, sich den Kopf abzuhauen, falls die Antworten richtig sind. Der Sterbliche fand die Antworten, und der Feuergott enthauptete sich. Und weil der Kopf so glühend war, begrub man ihn in den Höhlen des Weltalls. Am Songkran-Tag tragen die Töchter des Feuergottes den Kopf im Kreis um das Firmament. Der Kopf des Feuergottes symbolisiert in der Sage die Sonne, und die sieben Töchter stehen für die Wochentage. Dieser fröhliche Festtag beginnt mit dem Großreinemachen, denn Schmutz zum Jahresanfang bringt Unglück. Alle Buddha-Statuen werden symbolisch gebadet, die Straßen mit Wasser überschüttet. Als Tourist kann man, im Überschwang der Gefühle, leicht mal unfreiwillig mit einem Kübel Wasser abgekühlt werden. Auf vielen öffentlichen Plätzen und Parkanlagen können Sie klassischen Tänzen und Preisboxkämpfen beiwohnen.

Im Mai ist *Visakha Bucha,* der wichtigste buddhistische Feier-

MARCO POLO TIPPS FÜR VERANSTALTUNGEN

1 Bootsrennen
Im September. Der farbenprächtige Kampf der Fabelschiffe (Seite 76)

2 Chinesisches Neujahr
Meistens Ende Januar, Anfang Februar. Bunte Geschäftigkeit in Chinatown (Seite 75)

3 Drachenflugsaison
Februar bis Ende April. Farbenfrohe Vögel im Kampf mit Wind und Widrigkeiten (Seite 76)

4 Geburtstag des Königs
Feste überall, die Stadt feiert ihren König am 5. Dezember (Seite 75)

5 Loy Kratong
Bei Vollmond im November. Lichterglanz auf Flüssen und Teichen (Seite 77)

6 Makha Bucha
An einem Vollmondtag im Februar. Lichterprozession der besonderen Art (Seite 73)

7 Songkran
13. April. Nass und fröhlich (Seite 74)

8 Tempelmarkt
Im November. Das Fest des Goldenen Hügels. Ein Schmaus für Augen, Kamera und Gaumen (Seite 77)

tag. Geschäfte und Vergnügungslokale haben dann geschlossen, Alkohol wird nicht ausgeschenkt. Dafür sind die Tempel mit Laternen und der buddhistischen Fahne geschmückt.

Eine besondere Attraktion sind die *Bootsrennen* auf dem Chao Phraya im September. Bis zu 45 m lange, prächtig geschnitzte Fabelwesen mit dem Bug eines Schwans oder des mythischen Pferdes des Gottes Brahma wetteifern um den Sieg. Ebenfalls ein besonderer Leckerbissen für Augen und Kamera ist der *Tempelmarkt* im November. Der Goldene Hügel im Herzen der Altstadt glänzt dann im Schein von Tausenden von Lichtern. Gläubige pilgern mit Kerzen zur Pagode auf der Hügelplattform. Straßenhändler belagern den Treppenaufgang zum Tempel und versuchen Jasminblütenkränze, Lotosblumen und Räucherstäbchen an den Mann zu bringen. Viele Essensstände gibt es, mit Spezialitäten aus allen Regionen des Landes.

Eines der schönsten Feste, in einer Vollmondnacht im November, ist *Loy Kratong,* das Lichterfest für die Göttin der Flüsse. Man sollte schon Tage vorher einen Platz in einem Terrassenrestaurant am Chao Phraya reservieren, um dann in Ruhe das malerische Treiben zu genießen.

Die gesamte Stadt feiert am 5. Dezember mit flatternden Fähnchen, selbst an Fahrrädern. Es ist der Geburtstag von König Bhumibol. In safrangelben Gewändern strömen Bettelmönche aus, um Almosen zu sammeln. Und da jeder an diesem Tag eine gute Tat begehen soll, füllen sich ihre Taschen schnell. Zudem gibt es Veranstaltungen, Filme, Schattenspiele auf dem Sanaam Luang, dem Königlichen Platz. Der Höhepunkt um 19 Uhr: Die Straßenbeleuchtung geht langsam aus, Tempel und öffentliche Gebäude werden in Licht getaucht, Kerzen werden angezündet, die Königshymne wird gesungen. Den Abschluss bildet ein gigantisches Feuerwerk.

GESETZLICHE FEIERTAGE

Fällt ein gesetzlicher Feiertag auf ein Wochenende, sind die Büros von Privatfirmen, aber nicht die Behörden, am darauf folgenden Montag geschlossen. Da viele Feiertage mit Buddha zu tun haben, finden an den Tempeln Prozessionen statt.

Neujahrsfest

1. Januar

Makha Bucha

★ Meistens liegt das Fest im *Februar,* an einem Vollmondtag des 3. Mondmonats: zum Gedenken an die spontane Versammlung von 1250 Buddha-Schülern zu einer Predigt Buddhas. Buddha verkündete bei dieser Gelegenheit die 227 Ordensregeln, die jeder buddhistische Mönch einhalten muss. Man tut das mit guten Werken und erwirbt sich so religiöse Verdienste. Die Menschen stiften den Mönchen Essen und lassen gefangene Vögel und Fische frei. Während des ganzen Tages finden Gottesdienste statt, abends Lichterprozessionen.

Chakri-Tag

6. April. Dieser Tag erinnert an die Gründung der regierenden

Chakri-Dynastie vom 6. April 1782 durch König Rama I. (1782–1809). Der amtierende König Bhumibol ist der neunte Chakri-Monarch. Dies ist der einzige Tag im Jahr, an dem das königliche Pantheon im Wat Phra Kaeo für das Publikum geöffnet ist. Ein anderer Festplatz ist an der Nordrampe der Memorialbrücke. Hier steht eine große Statue von Rama I. Abends klingen die Feierlichkeiten mit Kerzenprozessionen und einem Volksfest aus.

Songkran

★ *13. April* – das traditionelle thailändische Neujahr, denn die Thais rechneten früher die Jahre nicht von der Wintersonnenwende an. Gefeiert wird mit Reinigungszeremonien und Waschung aller Buddha-Statuen. Gehen Sie unbedingt zum Sanaam-Luang-Platz. Denn die Phra-Buddha-Shining-Statue wird aus der königlichen Buddhai-Swan-Kapelle geholt und auf dem Platz von Gläubigen, die den Segen erbitten, mit Wasser übergossen.

Tag der Arbeit

1. Mai. Viele Musik- und Theaterveranstaltungen im Lumphini-Park. Morgens an den Tempeln erhalten die Mönche an diesem Tag Opfergaben.

Krönungstag

5. Mai. Zur Erinnerung an die Krönung König Bhumibols im Jahre 1950.

Visakha Bucha

Meistens im *Mai,* an einem Vollmondtag. Es ist der höchste buddhistische Feiertag. Gefeiert wird Buddhas Geburts-, Erleuchtungs- und Todestag.

Der Religionsstifter wurde 623 v. Chr. als Prinz Siddharta in Nepal geboren. 35 Jahre später fand er die Erleuchtung unter einem Bodhibaum, und weitere 45 Jahre später verschied der Bettelmönch im Alter von 80 Jahren. An diesem Tag versucht jeder, die fünf Grundregeln des Buddhismus einzuhalten: nicht zu töten, nicht zu stehlen, keusch zu sein, nicht zu lügen, jedes Rauschmittel zu vermeiden. Deshalb ist in Hotels und Gaststätten der Alkoholausschank verboten.

Asanha Bucha

Meistens im *Juli,* an einem Vollmondtag. Das Fest erinnert an Buddhas erste Predigt vor seinen ersten fünf Schülern. Mit diesem Tag beginnt auch die buddhistische Fastenzeit.

Geburtstag der Königin Sirikit

12. August. Alle Regierungsgebäude sind festlich geschmückt. Es gibt viele Feierlichkeiten in den Parks und auf öffentlichen Plätzen. An diesem Tag wird auch Muttertag gefeiert. Frauen, die sich besonders für das Wohl des Landes und Volkes eingesetzt haben, erhalten von einem Mitglied des Königshauses eine Medaille und Geschenke. Königin Sirikit ist so beliebt, weil sie sich für wohltätige Zwecke, Entwicklungshilfe und Förderung der unterentwickelten Regionen Thailands einsetzt. Sie unterstützt viele Projekte für Arme mit ihrem Geld und ihrem Namen. In 128 Musterdörfern wurde das traditionelle Volkshandwerk wieder aktiviert. Eine gute Nebeneinnahmequelle für die

Die Ehrengarde König Bhumibols vor der Nationalversammlung

Reisbauern. Außerdem ist Königin Sirikit Präsidentin des Thailändischen Roten Kreuzes. Die Erlöse der Veranstaltungen an diesem Tag fließen wohltätigen Projekten der Königin zu.

Chulalongkorn-Tag

23. Oktober. Ein Tag zu Ehren König Chulalongkorns (1868 bis 1910), der neben König Bhumibol der verehrteste Monarch der Chakri-Dynastie war. Sein Reiterstandbild wird auf dem Königsplatz mit Blumengirlanden geschmückt.

Geburtstag des Königs

★ *5. Dezember.* Schon am 3. Dezember erneuern die Elitesoldaten der Königlichen Garde in einer großen Feier auf dem Königsplatz ihren Treueeid auf Seine Majestät. Am Geburtstag sind alle Autos und Gebäude mit Fähnchen geschmückt. Abends verwandelt Flutlicht Bangkok in ein bunt illuminiertes Märchenland. Besonders eindrucksvoll ist dann die Gegend um die Ratchadamnoen Avenue und den Grand Palace.

Verfassungstag

10. Dezember

Silvester

31. Dezember

BESONDERE VERANSTALTUNGEN

Januar/Februar

★ *Chinesisches Neujahr.* Obwohl kein gesetzlicher Feiertag, ist das Geschäftsleben drei Tage lang weitgehend lahm gelegt. Immerhin gibt es über eine Million Chinesen in Bangkok. Dem bunten Treiben am besten in Chinatown beiwohnen.

Februar–April

★ Beginn der *Drachenflugsaison,* die meistens, je nach Wind, bis Ende April dauert. Schauplatz ist der Sanaam Luang. In den Lüften kämpfen drachenartige Schiffe, Flugzeuge, Schlangen, Dämonen und Fabelwesen. Bis zu zehn starke Männer braucht es, um einen der sternförmigen, bis zu 1,80 m langen Chulas in der Luft zu manövrieren. Am ersten Aprilsonntag findet meistens ein *Drachenfest* statt, bei dem das Spielfeld in zwei Hälften aufgeteilt wird. Das Gebiet auf der Seite des Wat Phra Kaeo gehört den männlichen und das gegenüberliegende den weiblichen Drachen. Der Drachenwettkampf ist eine traditionelle thailändische Sportart. Die fünfzig Spielregeln wurden schon 1906 niedergeschrieben. Tausende von Zuschauern bewundern auf dem Königlichen Platz dieses Spektakel. Mit dabei auf der Ehrentribüne ist die königliche Familie.

Mai

Meist an einem Sonntag, der Tag wird vom Hofbrahmanen astrologisch vorausberechnet, findet die *Pflugzeremonie* statt. Sie ist rund 2500 Jahre alt und soll Aufschluss über die zu erwartende Ernte geben.

Für die 35 Millionen Bauern im Lande ist das ein wichtiges Ritual. Am Tag vor der Zeremonie werden im Wat Phra Kaeo der Phya Raek Na (Fürst des Ersten Pflügens) und die vier Nang Thepia (Himmlische Jungfrauen) sowie der Ritualpflug und Reiskörner von Mönchen gesegnet. Ein blumengeschmückter Ritualpflug führt die Prozession an, die auf dem Sanaam Luang endet. Hier finden Fruchtbarkeitsrituale statt. So müssen die Ochsen vor der Ehrentribüne der königlichen Familie aus sieben Schalen ihr Lieblingsfutter auswählen. Dasjenige Produkt, von dem die Ochsen zuerst kosten, wird im kommenden Jahr besonders gut gedeihen. Reiskörner werden unter Aufsicht von König Bhumibol gesegnet.

September

★ *Bootsrennen.* Bunt bemalte Barken mit 30 bis 40 Ruderern kämpfen auf dem Chao Phraya um den Sieg. Nicht nur die phantasievollsten und schnellsten Boote werden prämiert, sondern auch das fröhlichste Ruderteam bekommt eine Auszeichnung.

Geisterglaube

Phiis sind böse Dämonen mit finsterem Blick in menschlicher Gestalt, die überall hausen. Bei der Geburt eines Kindes wird der Phii Grasü durch den Blutgeruch angelockt. Werden keine Vorsichtsmaßnahmen getroffen, schlüpft er in den Körper des Neugeborenen und frisst ihn auf. Deshalb wird der Hauseingang mit Dornen versperrt und das Zimmer, in dem das Kind schläft, mit einer geweihten Schnur gesichert.

Bereit zum Drachenwettkampf am Sanaam Luang

Reservieren Sie am besten einen Platz in einem der Flussrestaurants. Viele Feierlichkeiten und Veranstaltungen finden auf den Straßen statt.

Oktober

Tod Kathin. Ende der dreimonatigen Fastenzeit. Buddhisten stiften den Mönchen neue Gewänder. Das ist eine alte Tradition, die von Buddha selbst angeordnet wurde. Denn früher war die Garderobe der Mönche in einem schlimmen Zustand. Mangels irdischen Vermögens mussten sie ihre Kleider aus Abfallstoffen zusammennähen. Heute bekommen sie die orangefarbenen Roben direkt aus der Fabrik. Damit jeder weiß, dass die Mönche neue Kleider bekommen haben, werden zwei Flaggen mit Wasserdrachen über dem Tempeleingang angebracht. Dazu ist eine Legende überliefert: Ein Drache folgte dem Kathin-Boot, mit dem der König früher zur Robenübergabe zum Wat Arun fuhr. Das wurde dem Flussungeheuer aber zu anstrengend und es beauftragte den Anführer der Prozession, ein Bild von ihm aufzuhängen, damit alle wissen, dass er dabei gewesen sei. Man feiert bei den Tempeln.

November

★ Bei Vollmond findet *Loy Kratong*, das Lichterfest, statt. Flüsse und Teiche werden zu Lichtergärten. Nach Sonnenuntergang gehen festlich gekleidete Thais zum Chao-Phraya-Fluss. Sie schicken mit flackernden Kerzen und Räucherstäbchen bestückte Bananenschiffchen *(Kratongs)* auf die Reise. Liebespaare vertrauen den Kratongs ihre geheimsten Wünsche an, andere glauben, dass ihre Sünden mit dem Kratong weggetragen werden. Alle schauen lange den tanzenden Lichtern nach. Ein Sprichwort sagt: »Je länger man das flackernde Kerzenlicht sehen kann, umso glücklicher wird das nächste Jahr werden.«

★ *Tempelmarkt:* Meistens gegen Ende November wird der höchste Punkt von Bangkok, der Goldene Hügel, mit Lichtern übersät. Gläubige pilgern in einer Kerzenprozession zur Pagode auf der Hügelplattform, die einen echten Knochen Buddhas beherbergen soll. Früher gab es rund um den Goldenen Hügel chinesische Opern und Volkstänze. Statt dessen gibt es heute Essstände mit Spezialitäten aus dem ganzen Land.

Am Abend gehen wir aus

Urige Jazzlokale, witzige Kneipen, moderne Diskotheken. Das Nachtleben in Bangkok wird immer vielseitiger und hat für jeden Geschmack interessantes zu bieten

Beim Thema Nachtleben in Bangkok denkt man automatisch an den einschlägigen Ruf der südostasiatischen Metropole, an Sexclubs, Live-Sex-Shows, Go-go-Bars, Massagesalons, an mandeläugige Schöne, die freundlich lächelnd ihre Gunst feilbieten. Die Seiten der »Bangkok-Post« sind prall gefüllt mit entsprechenden Anzeigen. Nach wie vor trifft man in den bekannten Vergnügungsvierteln auf Männerhorden, in Gruppen oder als Einzelkämpfer, die es von einer Go-go-Bar in die nächste treibt. Bangkoks Nachtleben ist tatsächlich ein fragwürdiges Paradies für Männer auf der Suche nach Sex. Die Touristikstatistik weist die männlichen Besucher mit 63 Prozent eindeutig in der Überzahl aus.

Aber Bangkok zeigt nachts auch ein anderes Gesicht, hat mehr zu bieten als Vergnügen für Männer. Und das Angebot wird immer reichhaltiger. Auch für den europäischen Geschmack. Für viele Nachtschwärmer ist Bangkok unangefochten das Unterhaltungszentrum von Südostasien, obwohl nach einer staatlichen Verordnung alle Lokale um zwei Uhr morgens schließen müssen. Aber gerade in den letzten Jahren haben immer mehr witzige Bars mit coolem Ambiente eröffnet, die man sonst höchstens in London oder New York vermuten würde. Wer auf dem absolut neuesten Stand sein möchte, sollte samstags einen Blick in die Bangkok Post werfen, denn dort informiert der amerikanische Autor Bernard Trink in seiner Kolumne »Trinks Page« Nachtschwärmer über die neuesten Szenebars. Außerdem hat sich seit Mitte der 80er Jahre eine gute Musikszene in Bangkok etabliert: In vielen Lokalen gibt es Livemusik, ganz besonders Jazz. Diese Lokale haben sich in zwei Straßenzügen an der Nordseite des Lumphini-Parks angesiedelt. Es sind die ✝ Soi Sarasin und ✝ Soi Lang Suan. Hier gibt es keine schummrigen Etablisse-

Zum Dinner klassischer Thai-Tanz. Hanuman, Gita und Tosakan tanzen hier eine Szene aus dem Ramakien-Epos

ments, sondern kleine, meist rustikal eingerichtete Kneipen, in denen allabendlich verschiedene Livegruppen spielen. Hierher kommen die jungen intellektuellen Thais aus wohlhabenden Familien, wenn sie vom Alltagsstress abschalten wollen. Wer viele junge Thais treffen möchte, sollte sich auch mal sonntags auf das Open-Air-Gelände an der Paholyothin Road, rund einen Kilometer nördlich vom Victory Monument, wagen. Ab 12.30 Uhr spielen hier thailändische Rock- und Popgruppen, und die Konzerte werden immer live von Channel 5 übertragen.

Es gibt auch viele Diskotheken und Nachtclubs, die, außer in den großen Hotels, allerdings seltener dem europäischen Geschmack entsprechen. Aber trotzdem, wagen Sie mal einen Besuch. Meistens spielt der Diskjockey eine Mischung aus thailändischen und internationalen Hits. Im Travellerviertel rund um die Khao San Road gibt es, außer den unzähligen Restaurants, in denen Videos gezeigt werden, viele kleine Bars zum Teil mit Livemusik, zum Teil mit Hip-Hop oder Techno aus der Konserve. Zur Zeit angesagt sind in der Szene dort das *Gin Derm (92 Phra Arthit Rd.)* und, ein paar Meter weiter, das *Subculture (92 Phra Arthid Rd.).* Oder wie wäre es mit einem Abend beim Thai-Boxen in einem der beiden großen Stadien? Auch wenn man nicht viel von der Technik und den Regeln versteht, ist es schön anzusehen, wie die Kämpfer mit blitzartiger Geschwindigkeit und äußerstem Geschick agieren. Dazu die Wetten, die im Stadion abgeschlossen werden, der Kampfgeist, der auf den Rängen erwacht. Hier sind Stimmung

MARCO POLO TIPPS FÜR DEN ABEND

1. **Bamboo Bar**
   Mit Jazzmusikern aus Amerika (Seite 81)
2. **Brown Sugar**
   Jazz zum Mitswingen (Seite 82)
3. **Collector**
   Nicht nur für Coca-Cola-Fans (Seite 82)
4. **Diana's**
   Disko im noblen Orientalschick (Seite 84)
5. **Freakout**
   High-Tech-Disko
   Rock around the clock (Seite 84)
6. **Hard Rock Café**
   Aus Tradition gut (Seite 82)
7. **Planet Hollywood**
   Hollywood in Bangkok. Cocktails und Livemusik (Seite 82)
8. **Rock Pub**
   Beste Adresse für Hard-Rock-Fans (Seite 83)
9. **Rome Club**
   Transvestiten und Travestien, Schwule und Schickis (Seite 84)
10. **UP**
    Derzeit coolste Bar (Seite 83)

und Atmosphäre immer garantiert.

Oder besuchen Sie das Nationaltheater, wenn Sie Theater- und Tanzkultur original erleben möchten. Theater ist in Thailand eine Mischung aus Pantomime, Gesang, Tanz und Musik – eine Art Tanzdrama. *Khon* ist die klassische Form. Die Darsteller sind ausschließlich männlich und verbergen ihre Gesichter hinter einer Maske. Gespielt werden einzelne Episoden aus dem *Ramakien,* das im Original aus 52 086 Versen besteht. Es erzählt vom göttlichen König Rama, der versucht, seine schöne Frau Sita, die von einem Dämonenkönig geraubt wurde, zu befreien. Beliebt ist auch das *Lakhon Nai,* das von unmaskierten Frauen in prunkvollen Gewändern gesungen und getanzt wird. Für europäische Theatervorstellungen mutet das Ganze sehr fremd an. Aber die Grazie und Anmut, mit der sich die Schauspieler bewegen, sind ein Erlebnis. Wer das Schauspiel in einfacher und verkürzter Form sehen möchte, sollte zumindest ein Abendessen bei traditionellem Thai-Tanz einnehmen.

Zurück zu Bangkoks Vergnügungsvierteln. Auch wenn man keinen Sex sucht, ist ein Besuch dieser Viertel amüsant und unterhaltsam. Und nicht gefährlicher als ein Einkaufsbummel, solange man sich in Bars aufhält, die sich im Erdgeschoss befinden. Das berühmte Amüsierviertel heißt Patpong. Hier können Sie auch den Lokalbummel mit einem Einkauf auf dem Nachtmarkt verbinden. Bei Sonnenuntergang bauen die Straßenhändler ihre Stände auf. Ob Hermès-Tücher oder Joop-Taschen: Hier können Sie alles kaufen – als Imitation. Ähnlich, aber etwas ruhiger geht es auf der Sukhumvit im Bereich Soi 21 und 23 und Soi 4 zu.

GO-GO-BARS

Harmlos und wenig erotisch. Barbusige Mädchen im Tanga verrenken sich gelangweilt an der Tanzstange. Animiermädchen fordern den Gast auf, einen Drink zu bezahlen, lassen sich aber auch abwimmeln, wenn man hartnäckig bleibt. In Patpong sind die Lokale wie an einer Perlenkette aneinander gereiht. Die Mädchen in den Bars der Soi Cowboy sind weniger aufdringlich, man kann dort auch ungestört ein Bier trinken und das Treiben beobachten. Vergessen Sie aber nie, sich vorher nach den Preisen der Getränke zu erkundigen, besonders in Lokalen mit Showeinlagen, damit Sie am Schluss keine unliebsame Überraschung erleben. *Patpong 1/Patpong 2/Soi Cowboy and Nana Entertainment Complex an der Sukhumvit Rd.*

JAZZLOKALE-BARS-CAFÉS

Viele Lokale mit Livemusik, Hard Rock sind im Bereich Soi Lang Suan, Soi Sarasin. Neben guter Musik gibt es hier auch noch etwas zu essen.

Bamboo Bar **(115/F 4)**

★ Nachtclub. Pianobar mit New Yorker Schick. Jazzmusiker aus den USA treten hier auf. Touristen sind in der Bamboo Bar zumeist in der Überzahl. *Bis 1 Uhr, Oriental, 48 Oriental Avenue*

Blue Moon **(117/D 1)**
Musik auf drei Stockwerke verteilt. Livemusik im 3. Stock beginnt um Mitternacht. *Bis 6 Uhr geöffnet, 145 Gaysorn Rd., im Einkaufscenter hinter dem Meridien President*

Bobby's Arm **(116/B 3)**
Britisches Pub mit typisch englischen Genüssen. Aber auch legendär für den Dixieland. Bangkoks Jazzszene trifft sich hier sonntagabends ab 20.30 Uhr zu einer Jamsession, darunter viele Engländer, Amerikaner, Neuseeländer und Australier. *Bis 1 Uhr, 1. Stock, Car Park, Soi Patpong 2*

Brown Sugar **(117/D 2)**
★ Es ist immer voll, das bekannteste Jazzlokal. Gutes Publikum. Einheimische und Touristen kommen ins Brown Sugar. Kleine Snacks werden serviert. *Livemusik ab 21 Uhr, geöffnet bis 1 Uhr, 231/20 Sarasin Rd.*

Collector **(111/D 5)**
★ Nicht nur für Vespa- und Coca-Cola-Fans, auch wenn sich in dieser Bar alles darum dreht. Das Interieur: Tische aus alten Coca-Cola-Kisten, und aus der Wand ragt sogar ein roter Roller. *17–2 Uhr, 200 Thanon Tanao (nahe Democracy Monument)*

Cyberpub **(116/C 3)**
Hypertrendy für Internetsüchtige. Zur Abwechslung kann man auch bei CD-ROM-Spielen relaxen. Gute Snacks, coole Drinks und Livemusik. *Tgl. außer So 17.30–2 Uhr. Im Dusit Thani Hotel*

Hard Rock Café **(116/C 1)**
★ Legendäres amerikanisches Lokal und ebenso eingerichtet wie die anderen Hard Rock Cafés auf der Welt. Für alle, die Lust auf echte Cheeseburger und Rockmusik haben. Auch Livegruppen. *Tgl. 11–1 Uhr, Siam Square, Soi 11, Pathumwan*

Hello Internet Café **(111/D 5)**
Für alle, die auch im Urlaub im Internet surfen wollen. Netsurfen an zehn Computerterminals für 11 Baht pro 3 Minuten. *Im Hello Guesthouse, 63–65 Khao San Rd., www.lox1.loxinfo.co.th/hellopub*

Planet Hollywood **(117/D 1)**
★ Musik und amerikanisches Essen in Hollywood-Ambiente. Von der Decke hängt ein Auto, das in »Vier Hochzeiten

Die drei Geschlechter

Nicht nur Homosexualität ist in Thailand weit verbreitet, sondern auch Transsexualität. Und beides wird hier toleriert, da man höhere Kräfte hinter dieser Veranlagung vermutet. So manch eine Schöne entpuppt sich als Schönling. In den Bars der Vergnügungsviertel sind oft gerade die Frauen, die am extravagantesten gekleidet und geschminkt sind, getarnte Männer. Am Strand flaniert »sie« beziehungsweise »er« barbusig und verhüllt die verdächtige Stelle des Bikinihöschens mit einem lässig gewickelten Seidentuch. So manch ein Mann bemerkt den »kleinen Unterschied« erst im letzten Augenblick.

Sukothai-Tanz, ein Stil, der zwischen 1200 und 1350 entstand

und ein Todesfall« eine wichtige Rolle spielte. Lieblingsdrink der Besucher ist der Cocktail »Jurassic Park«, und ab 22 Uhr spielt eine Liveband. *Bis 1 Uhr, Gaysorn Plaza, Eingang an der Ploenchit Rd.*

Rock Pub **(112/C 6)**

★ ☉ ☆ Für Hard-Rock-Fans ein absolutes Muss. Hier bleibt keiner müde sitzen. Regelmäßig spielen die »Bastard«, eine Band, die ausschließlich aus westlichen Musikern besteht, und Lam Morrision, der bekannteste Rockgitarrist in Thailand. *Livemusik ab 21.30 Uhr, Phaya Thai Rd. gegenüber dem Asia Hotel*

Round Midnight **(117/D 2)**

☉ ☆ Pop-, Soul- und Rockbands. Klein und gemütlich. Wenige Touristen. Gute Steaks und Pastas. *17–2 Uhr, Soi Lang Suan, Phloenchit Rd.*

Saxophone **(113/D 4)**

☉ ☆ Das Saxophone ist zugleich Jazzclub, Pub und Restaurant. Es herrscht eine eher gediegene Atmosphäre. Im ersten Stock spielen Rock- und Bluesbands für das überwiegend jüngere Publikum. *Victory Monument, 3/8 Phaya Thai Rd., bis 3 Uhr geöffnet*

UP **(116/C 3–4)**

★ ☉ ☆ Fashioncafé, Bar und Restaurant in einem. Am Wochenende ist es hier brechend voll. Cooles Ambiente in einem der wenigen Lokale, die bis 3 Uhr in der Frühe geöffnet sind. *8 bis 14 Uhr und 17–3 Uhr, 36/2 Soi Convent, Silom*

NACHTCLUBS UND DISKOTHEKEN

In den Nachtclubs und Diskos der bekannten Hotels sind die Touristen fast unter sich. Kaum ein Thailänder kommt hier her. Der Eintritt ist überall üblich, ein bis zwei Getränke sind im Preis inbegriffen. Die meisten Diskos sind bis 2 Uhr geöffnet, freitags und samstags auch bis 3 Uhr.

Bubbles **(116/C 3)**
Sehr bekannt, mit Lasereffekten, Video- und Lichtshow. Guter DJ. *Dusit Thani Hotel, Rama IV Rd.*

Concept CM² **(116/C 1)**
Neues Multi-Entertainmentcenter, in dem sich für fast jeden Geschmack die richtige Bar, der passende Club oder die geeignete Disko befindet. Außerdem gibt es hier einen Nachtclub nur für Damen, in dem zumeist rein weibliche Liverockbands spielen. *Im Novotel, Siam Square, Soi 6*

Diana's **(115/F 4)**
★ Klein und schick. Diskothek für europäischen Geschmack. Exklusives Publikum. *Eintritt 280 Baht, The Oriental, 48 Oriental Avenue*

DJ Station **(116/C 3)**
In-Disko zum Sehen und Gesehenwerden, mit vielen Schwulen, Lesben, aber auch flippigen Heteros. *Silom Rd., Soi 2*

Freakout **(116/B 4)**
★ ✪ ✱ High-Tech-Disko mit Rockvideos und sehr guter Lichtshow. Junges Publikum. *1. Stock, 491/22-24 Silom Plaza*

Monte Carlo Club **(117/F 2)**
Hier dürfen nur Frauen rein. Denn ausnahmsweise bedienen hier nur hübsche Männer und bieten auch auf der Bühne eine Show dar. Recht teuer. *Hotel Manhattan, Sukhumvit Rd., Soi 15*

Nasa Spacedrome **(O)**
✪ ✱ Ein beliebter Tanzpalast am Stadtrand, in dem sich 2000 Gäste auf 3 Ebenen vergnügen können, mit verschiedenen Bars. Der Gag: Gegen 0.30 Uhr hebt ein Raumschiff ab, fliegt zur Tanzfläche und lässt Ballons herabschweben. Spannender zu beobachten als dazu zu tanzen. *Eintritt 180 Baht, bis 3 Uhr, 999 Ramkhamhang Rd., Klongton, Prakhanong*

The Palace **(O)**
✱ Gute Musik, Rockvideos. Eine der größten Diskotheken von Bangkok mit relativ jungem Publikum. *Eintritt: 150 Baht am Wochenende. 379 Vipawadee Rangsit Rd.*

Peppermint **(116/B 3)**
Klein, aber fein. Hier trifft man viele Westler, die in Bangkok leben. *Patpong 1*

Rome Club **(116/B 4)**
★ ✱ Flippig, ein bisschen schräg, viele Schwule und Transvestiten. Mit den neuesten Musikvideos, aktueller Pop- und Rockmusik. Guter DJ. Mehrmals am Abend finden kleine Travestieeinlagen auf der Bühne statt. *Nördlich von Patpong 3, Eintritt Sa 200 Baht, sonst 100 Baht, geöffnet bis 2 Uhr, 90–96 Silom Rd.*

Talk of the Town **(115/F 4)**
Die Edeldiskothek konkurriert mit dem Diana's. Es kommen viele Touristen und Thais der Oberschicht. *Eintritt Fr und Sa 240 Baht (2 Getränke), sonst 120 Baht (1 Getränk), Fr und Sa bis 3 Uhr geöffnet, Shangri-La-Hotel, 89 Soi Wat Suan Plu*

THAI-BOXEN

Das thailändische Männervergnügen Nummer eins. In den beiden großen Stadien kann man es noch unverfälscht genießen. Auf den billigsten Plätzen ist am meisten los. Es ist allerdings nur Leuten zu empfehlen, denen Schreien, Wetten und lautes Getöse nicht besonders viel ausmachen. Die Kämpfe dauern mehrere Stunden. Man sollte lieber später als früher kommen, dann ist die Atmosphäre besser.

Ratchadamnoen Boxing Stadium **(111/E 4)**
Ratchadamnoen Rd., neben dem Touristenbüro (TAT), Tel. 281-42 05 Mo, Mi, Do 18, So 20 Uhr

Lumphini Boxing Stadium **(117/E 3)**
Rama IV Rd., Tel. 252-43 03, 252-87 56, Di, Fr, Sa um 18 Uhr

THEATER/TANZ

Viele Restaurants bieten Dinner mit klassischem Thai-Tanz an. Eine schöne Kombination und empfehlenswert, wenn man mehr Atmosphäre schnuppern möchte. Wer es original haben will, das Nationaltheater ist in Bangkok Hüter der klassischen thailändischen Theatertradition.

Baan Thai **(O)**
Alte thailändische Häuser in tropischem Garten. *Thai-Tanz ab 21 Uhr. 7 Soi, 32 Sukhumvit Rd., Tel. 258-54 03*

Nationaltheater **(110/C 5)**
Informationen 8–16.30 Uhr, Tel. 221-58 61, Na Phra Lan Rd.

Sala Rim Naam **(115/F 4)**
Stilvolles Thai-Restaurant mit besonders gutem klassischen Thai-Tanz, aber teuer. Von außen sieht es aus wie ein kleiner buddhistischer Tempel. Schöner Ausblick. Um 8.30 Uhr Tanzshow. Dringend reservieren. *The Oriental, 48 Oriental Avenue, Tel. 236-04 00, kostenlose Fähre vom Oriental aus zum anderen Flussufer*

TRANSVESTITENKABARETT

Calypso Cabaret **(O)**
Das Kabarett ist keine Diskoeinlage wie im Rome Club, sondern funktioniert wie Theater. *Showtime um 20.15 und 22 Uhr, Eintritt 300 Baht, Chockchai Building, Sukhumvit Rd. zwischen Soi 24 und Soi 25, Tel. 258-89 87*

Thai-Boxen: Mut und Grazie

Ästhetisch und elektrisierend ist dieser Lieblingssport der Thais. Gekämpft wird mit Fäusten, Füßen, Knien und Ellbogen. Grazie wird mit Mut verbunden, und der Kampftanz wird angefeuert von Flötenspiel und Trommeln einer Musikkapelle und natürlich von den Thais, die auf den Rängen mitfiebern und wetten – obwohl das eigentlich verboten ist. *Muay Thai* hat ihren Ursprung in der kriegerischen Selbstverteidigung auf den Schlachtfeldern der Antike und wurde später zu einer Sportart weiterentwickelt. Bevor der Kampf beginnt, dankt der Boxer in festgelegten Ritualen Lehrer und König, tänzelt dann in einer Art Schattenboxen durch den Ring. Stirnband und bunte Bänder um den Oberarm sorgen für spirituelle Unterstützung. Erst dann beginnt der fünf Runden von je drei Minuten dauernde Kampf.

Per Boot und zu Fuß durch Thailands Metropole

Die hier beschriebenen Spaziergänge und -fahrten sind in der Übersichtskarte auf dem hinteren Umschlag und im Cityatlas ab Seite 110 grün markiert

① DAS ALTE BANGKOK

Ein Trip auf dem Fluss ist Erholung pur. Nehmen Sie Abschied von Lärm und Hektik, und genießen Sie die Fahrt vorbei an den eher unbekannten Tempeln. Wer sich den einen oder anderen Tempel auch anschauen möchte, sollte mindestens einen halben Tag einplanen.

Der Fluss ist die Seele jeder Stadt. Chao Phraya heißt die Seele Bangkoks. Hier zeigt sich noch die Gelassenheit der Menschen fernab vom Run auf Geld und Geschäfte. Sie kommen an Tempeln vorbei, in denen sich keine Touristenhorden drängeln. Die beste Tageszeit für diesen Ausflug ist der Morgen oder der frühe Nachmittag, da die Hitze sonst das Vergnügen schmälert. Vergessen Sie bei Ihrer Zeitplanung nicht, daß die letzten Expressboote um 18 Uhr fahren.

Schönster Ausgangspunkt für die Tour ist der Bootsanleger am *Oriental Hotel (S. 18).* Los geht's mit dem Expressboot. Einfach für 8 Baht einen Fahrschein bis zur Anlegestelle *Tha Chang* lösen und einsteigen. Ein Tipp: Setzen Sie sich nach vorn auf die roten Plastiksitze, denn hinten knattert der Motor ohrenbetäubend. Mönche in ihren gelben Roben sitzen neben schnatternden Schulkindern und korrekt gekleideten Geschäftsleuten. Eingekeilt zwischen Hochhäusern und gigantischen Luxushotels sehen Sie rechts und links vom Fluss kleine Hütten, die sich tapfer gegen die Macht der Großen zu wehren scheinen. Es geht vorbei am *River City Shopping Complex,* und nach knapp 15 Minuten, wenn das Boot am Anleger Tha Thien hält, sehen Sie auf der linken Seite das Wahrzeichen des Landes, *Wat Arun (S. 28),* den Tempel der Morgenröte.

Der nächste Bootsstopp ist bei Tha Chang, Ihrem ersten Etappenziel. Hier steigen Sie in eines der schmalen Klongboote um. Zunächst heißt es allerdings gnadenlos handeln: Denn die Bootslenker verlangen sofort Phantasiepreise, sobald sie in ein weißes

Gesicht lächeln. Bleiben Sie hart! Circa 350 Baht pro Stunde sind genug. Hier in dem alten Thonburi gibt es noch die Klongs, die sonst überwiegend zugeschüttet wurden. Sie sehen Postboten, die in kleinen Nussschalen paddeln, um die Briefe auszuliefern, badende Kinder, die Ihnen zuwinken, und Marktfrauen, die in ihren Booten von Hütte zu Hütte gleiten, um Gemüse oder Früchte feilzubieten. Und keine Angst, wenn Sie in den schmalen, rund acht Meter langen Booten mit enormer Geschwindigkeit durch die Klongs düsen. Die Fahrer haben ihre Gefährte im Griff.

Lassen Sie sich vom Fahrer wieder ein Stück zurück in südliche Richtung chauffieren, zum *Klong Bangkok Yai,* an dem viele schöne Wats liegen. Je nachdem, wie lange Sie das Boot mieten wollen, können Sie aussteigen und die Tempel besichtigen oder einfach nur die Fahrt und das Ambiente genießen. Schon die Einfahrt zum Klong Bangkok Yai wird von zwei Wats gesäumt, aber der erste, der einen Abstecher lohnt, ist der alte *Wat Sangkchai,* der von Königin Wen, der Frau von Rama I., umgebaut wurde. Ein Blick lohnt sich auf die farbenprächtigen Wandmalereien in der Ordinationshalle (Ubosot).

Etwas später sehen Sie den *Wat Intharam.* Dieser alte Tempel ist das wichtigste Heiligtum der Chinesen in Bangkok, da hier zwei Chedis verwahrt werden, in denen sich die Asche des halbchinesischen Königs Taksin und seiner Frau befindet. Im Ubosot werden außerdem das Bett des Königs und eine Buddha-Statue (13. Jh.) verwahrt.

Weisen Sie jetzt den Bootsführer an, zum *Klong Dan* zu fahren, denn hier lohnt sich auf jeden Fall noch ein Besuch des *Wat Raja Orot,* der Anfang des 19. Jahrhunderts vom Sohn Ramas II. erbaut wurde. Nachdem Sie im hinteren Gebäude den großen liegenden Buddha gesehen haben, können Sie sich herrlich unter den alten mächtigen Bäumen ausruhen. Und schauen Sie sich die verwitterten, alten chinesischen Figuren an, die den Tempel bewachen.

Danach geht es per Boot den Klong Dan wieder zurück. Sie biegen links in den Klong Bang Nun Si ab und lassen sich nach einem Abstecher durch den winzigen Garten-Klong *Bang Rawat,* der von blühenden Gärten und kleinen Hütten gesäumt ist, zurück zum Chao Phraya bringen. Bevor Sie den Bootsführer am *Wat Arun* anhalten lassen, sollten Sie noch einen Blick auf die Überreste des alten Forts aus der Ayutthaya-Periode werfen, die kurz vor dem Tempel liegen.

Am Wat Arun sollten Sie unbedingt zu einer kleinen Besichtigungstour aussteigen, die steinernen Stufen des Prangs emporklettern und einfach nur genießen. Es gibt kaum einen schöneren Blick über Bangkok als von dem 86 Meter hohen Tempel, der den Berg Meru symbolisieren soll.

Müde von den vielen Eindrücken? Dann setzen Sie einfach mit der Fähre für ein Baht zur anderen Flussseite über – von hier aus geht die Fahrt mit dem Expressboot zurück zum Oriental Hotel und zum Abenddrink auf der Flussterrasse, mit eindrucksvollem Panorama.

② DEM KAUFRAUSCH VERFALLEN

Ob in den großen Einkaufszentren oder auf dem Nachtmarkt – in Bangkok finden Sie bis Mitternacht immer einen Platz zum Shoppen. Je nach Intensität, kann der Kaufrausch ein paar Stunden oder eine ganze Nacht andauern.

Beginnen Sie die Einkaufstour im *Old Siam Plaza (S. 54)*, einem fünfstöckigen Shoppingcenter mit historischem Flair, in dem Sie auch hervorragendes Kunsthandwerk kaufen können.

Gönnen Sie sich ein Curry oder eine Nudelsuppe im Essensmarkt, bevor Sie das Center verlassen und sich für die zweite Etappe mit dem Taxameter-Taxi zum *Mahboonkrong Center (S. 54)* bringen lassen, in dem Sie auf sechs Stockwerken gute und günstige Kleidung kaufen können. Falls Sie keine Visitenkarten dabeihaben, lassen Sie sich im sechsten Stock welche drucken. Während Sie auf Ihre Karten warten, können Sie sich im Essensmarkt Ihr Lieblingsgericht aussuchen. Von der Schwalbennestersuppe bis zur gebratenen Ente gibt es hier alles.

Sie verlassen den Einkaufstempel und überqueren auf der Fußgängerbrücke die Phayathai Road. Das geht ganz bequem, denn Sie brauchen sich nur auf das Rollband zu stellen, dann werden Sie am *Siam Square (S. 26)*, der dritten Einkaufsetappe, wieder ausgespuckt.

Boutiquen und Shoppingarkaden gibt es hier in Hülle und Fülle. Sie sollten jetzt einen Abstecher ins *Hard Rock Café* in der Soi 11 machen. Besonders, wenn es Sie mehr nach einem echt amerikanischen Hamburger als nach frittierten Entenfüßen gelüstet. Das Lokal ist unschwer an dem halben Tuk-Tuk, das aus der Wand ragt, zu erkennen.

Interessieren Sie sich für Bücher, Karten und Raritäten? Dann sollten Sie unbedingt bei *Dr. Book* vorbeischauen, der ein paar Schritte weiter zwischen der Soi II und Soi III liegt.

Bummeln Sie anschließend auf die Rama I zurück und laufen Sie danach rund 200 Meter in westlicher Richtung bis zur Soi Kasemsan. Hier befindet sich das *Jim-Thompson-House (S. 17)*, das Haus des früheren Seidenkönigs. Für 100 Baht Eintritt dürfen Sie in dem exotischen Garten relaxen und die Kunstsammlung in den Teakhäusern bewundern.

Hat Sie das Shoppingfieber wieder gepackt, gehen Sie einfach zur Nordseite des *Siam Square* auf der Rama I zurück und überqueren die Straße auf der Fußgängerbrücke, die zu dem grünen Gebäude des Siam Center führt.

Im renovierten Siam Center und im neuen *Siam Discovery Center (S. 54)* daneben finden Sie auf mehreren Etagen noble Boutiquen mit aktueller Mode.

Genug der quirligen hypermodernen Shoppingtempel? Dann lassen Sie sich mit dem Taxi zu *Jim Thompson's Thai Silk (S. 59)* in die Surawong Road, Nummer 9 bringen. Es ist das renommierteste Seidengeschäft der Stadt und leider ziemlich teuer, aber zumindest können Sie sich hier inspirieren lassen.

Wenn die Sonne bereits untergegangen ist, werden Sie mit einem besonderen Einkaufsvergnügen belohnt. Laufen Sie ein paar Meter die Surawong Road hinunter, dann kommen Sie in *das* Vergnügungsviertel der Stadt: *Patpong.* Es ist nicht so schlecht wie sein Ruf, und Sie können gefahrlos eintauchen, in diese Mischung aus Geschäften, Restaurants und Go-go-Bars. Am besten laufen Sie an Patpong III und II vorbei, bis Sie zu Patpong I kommen. Denn dort bauen die geschäftstüchtigen Thais schon die Stände für den *Nachtmarkt (S. 56)* auf. Und hier werden Sie sie endlich bekommen: die goldene Rolex, die »garantiert« auch noch wasserdicht ist.

③ FREMDE KULTUREN

Bei einem Spaziergang durch Chinatown lernen Sie die Gegensätze dieser Stadt kennen. Je nachdem, wie intensiv Sie in diese Welt eintauchen wollen, werden Sie hier ein paar Stunden oder einen ganzen Tag verbringen.

Wenn Sie ein Fan der fernöstlichen Medizin, von Tempeln und buntem Treiben sind, sind Sie auf dieser Tour genau richtig. Lassen Sie sich mit dem Taxi zur Charoen Road, Ecke Chakraphet Road, bringen. Auf der rechten Seite passieren Sie den Central Department Store und den Merry King Department Store und bummeln vor bis zur Yaowarat Road. Hier präsentiert sich Chinatown als modernes Geschäftsviertel, natürlich mit dem üblichen Verkehr und den damit einhergehenden Autoabgasen. Etwas weiter reiht sich ein Goldgeschäft an das andere, und da der Goldschmuck hier nach Gewicht verkauft wird, kann man günstig Ketten und Armbänder erwerben. Allerdings nicht, ohne kräftig zu handeln, denn die cleveren Chinesen sind hervorragende Geschäftsleute. Nicht von ungefähr sind sie die finanziellen Herrscher des ganzen Landes.

Auf der linken Seite liegt die Thanon Maha Chak, an der Straßenhändler Elektroartikel und Kuriositäten verkaufen. Früher war diese Gegend mal als Diebesmarkt bekannt. Hehlerware findet man hier inzwischen nur noch selten, dafür aber immer noch die niedrigsten Preise, vorausgesetzt, man lässt beim Handeln nicht locker.

Gehen Sie nun wieder zurück, folgen links ein Stück der Yaowarat Road und biegen rechts in eine kleine Seitenstraße ein, die Sie zur Sampeng Lane führt. Vor allem in den kleinen Seitengassen finden Sie noch ein Stück des alten Chinatown.

Kaufen Sie auf dem Rückweg zur Yaowarat Road noch ein paar exotische Früchte auf dem Obstmarkt an der Einmündung der Thanon Mongkon. Ein Stück weiter, auf Höhe der Charoen Krung Road (New Road), sehen Sie auf der anderen Straßenseite, den größten chinesischen Tempel des Viertels, *Wat Mangkon.* Am Altar entzünden die Gläubigen große, prächtig bemalte Opferkerzen. Der Duft von tausend Räucherstäbchen durchzieht den Raum.

Um Glauben und Gläubige geht es auch in der schmalen Straße Soi Issaranuphap, links des Wat Mangkons. Hier werden Papierhäuschen und andere Dinge verkauft, die den Toten im Jenseits nützlich sein könnten.

Genug gesehen? Dann bringt Sie ein Taxi auf dem schnellsten Weg zurück ins Hotel.

TAXI
PEPSI
ย-0223
เชียงใหม่
PEPSI
PEPSI
กลุ่ม อานันทภูมิ
คนเชียงใหม่ เพื่อชาวเชียงใหม่

Von Auskunft bis Zoll

Hier finden Sie kurz gefasst die wichtigsten Adressen und Informationen für Ihre Bangkok-Reise

AUSKUNFT VOR DER REISE

Thailändisches Fremdenverkehrsamt
Bethmannstr. 58, 60311 Frankfurt/M., Tel. 069/138 13 90, Fax 069/28 14 68, www.tourismthailand.org. Zuständig für alle deutschsprachigen Länder

AUSKUNFT IN BANGKOK

Tourism Authority of Thailand (TAT) (O)
Dort bekommen Sie einen Stadtplan mit Buslinien (35 Baht), Informationsbroschüren, ein Hotelverzeichnis.
202 Le Concorde Building, Ratchadapisek Rd., Huai Khwang, Tel. 694 12 22, Fax 694 12 20-21, www.tat.or.th. Tgl., auch an Feiertagen, 8.30–16.30 Uhr

Außerdem gibt es an Touristenplätzen wie Flughafen, Wat Phra Kaeo, Grand Palace und in gelben Telefonzellen mit der Aufschrift *Tourist Information Service* eine Gratisauskunft.

Tuk-Tuks – eine Art Motorroller mit Sitzbank

ANTIQUITÄTEN

Ausfuhrgenehmigung des Fine Arts Departments erhalten Sie in der *Na Phrat That Rd., Mo–Fr 9–16 Uhr, Tel. 221-4817.* Zwei Fotos des Gegenstandes und eine Fotokopie des Reisepasses sind mitzubringen. Größere Gegenstände werden von vielen Geschäften zuverlässig verschifft, sie übernehmen dann auch alle weiteren Formalitäten.

Die Ausfuhr von Buddha-Figuren jeden Alters ebenso wie die seltener Tiere ist offiziell verboten.

BANKEN – GELDWECHSEL

Am besten US-Dollar- oder DM-Reiseschecks mitnehmen. Eurocheques dürfen nur drei Stück pro Person und Monat von Filialen der Thai Farmers Bank eingetauscht werden. Eurocheques der Deutschen Bank tauscht die European Asian Bank ein. Viele Banken haben Miniwechselstuben.

Banken: Mo–Fr 8.30–15.30 Uhr, Wechselschalter Mo–So in der Regel bis 21 Uhr

BOOTE

Expressboote
Von 6 bis 18.30 Uhr zwischen Nonthaburi (Norden) und Krung-Thep-Brücke (Süden), zwischen 5 und 10 Baht, eine gute Möglichkeit, dem Verkehrsstau zu entgehen.

Klong-Boote **(114/C 1)**
Für rund 300 Baht die Stunde zu mieten. *Vom Thien Pier hinter Wat Pho fahren reguläre Boote auch von 6.30 bis mittags für 4 Baht den Klong Mon entlang.*

BOOTSTOUREN/ DINNERKREUZFAHRTEN

Viele Restaurants und Hotels organisieren auf dem Chao Phraya Bootstouren. Die Preise liegen je nachdem, ob mit oder ohne Abendessen, zwischen 40 und 900 Baht.

BUSSE/BAHNHÖFE

Die rund 8000 Stadtbusse sind das billigste und abenteuerlichste Verkehrsmittel. Die Fahrer sprechen kein Englisch, die Beschilderung der Busse ist thailändisch. Orientieren Sie sich an den Nummern, und lassen Sie sich vorher das Ziel in Thai aufschreiben. Einen Busführer gibt es in Buchhandlungen für 35 Baht. *Stadt-Busfahrt: 3–5 Baht*

Bangkoker Hauptbahnhof **(116/A 1–2)**
The State Railway of Thailand, Rama IV Rd., Tel. 223-7010

Northern Bus Terminal **(O)**
Für Fahrten nach Nord- und Nordostthailand. *Kampangphal 2, Tel. 936-3666*

Southern Bus Terminal **(110/A 1)**
Für Fahrten nach Süd- und Westthailand. *Phrapinklao Rd., Thonburi, Tel. 435-1199*

Eastern Bus Terminal **(O)**
Für Fahrten Richtung Ostküste. *Sukhumvit Rd., Tel. 392-9227*

DIPLOMATISCHE VERTRETUNG

Mo–Fr 8–12 Uhr

Deutsche Botschaft **(117/D 4)**
9 Sathorn Tai Rd., Tel. 287-9000, Fax 287-1776

Österreichische Botschaft **(117/D 4)**
14 Soi Nantha, Sathorn Tai Rd., Tel. 2873970-2, Fax 287-3925

Schweizerische Botschaft **(117/E 2)**
35 North Wireless Rd., Tel. 253-0156-60, 252-8992-2, Fax 255-4481

EINREISE

Aufenthalt ohne Visum maximal 30 Tage, mit Touristenvisum bis 60 Tage (30 Mark), mit Non-Immigrant-Visum bis 90 Tage (50 Mark). Die Preise gelten pro Einreise, maximal 3 Einreisen sind erlaubt. Der Reisepass muss noch sechs Monate gültig sein; Kinderausweise werden nicht anerkannt. Ist das Visum überzogen, zahlt man meist 100 Baht pro Tag. **(116/C 4)** *Immigration Division, Soi Suanphlu, Sathon Tai Rd., Tel. 286-9176*

Konsulate zur Visumbeschaffung
Lepsiusstr. 64–66, 12163 Berlin, Tel. 030/7912231-66-68, Fax 7912229
Rossmarkt 14, 60311 Frankfurt, Tel. 069/20110, Fax 0641/793958

Pünktlichkeit ist ein Fremdwort

Haben Sie eine Verabredung mit einem Thai, können Sie sich jede Hetze sparen. Pünktlichkeit ist fast unhöflich. Auch das akademische Viertel wird oft überschritten. Wenn es um Zeit geht, haben Thais eine flexiblere Vorstellung als Europäer.

An der Alster 85, 20099 Hamburg, Tel. 040/24 83 91 18, 24 83 92 06, Fax 24 83 92 06
Prinzenstr. 13, 80639 München, Tel. 089/168 97 88, Fax 168 97 89, 12 21 11 80
Formenekgasse 12–14, 1190 Wien, Tel. 01/478 33 35-0
St. Alban-Graben 8, 4051 Basel, Tel. 061/271 68 67, Fax 271 44 66
Talackerstr. 50, 8002 Zürich, Tel. 01/211 70 60, Fax 234 63 62
6 Rue de l'Athénée, 1211 Genf 12, Tel. 022/319 87 00, Fax 311 00 49

Botschaften
Ubierstr. 65, 53173 Bonn-Bad Godesberg, Tel. 0228/95 68 60, Fax 36 37 02
Weimarerstr. 68, 1180 Wien, Tel. 01/31 08 98 80, Fax 478 29 07
Eigerstr. 60, 3007 Bern, Tel. 031/46 22 81-2, Fax 372 07 57

ELEKTRIZITÄT

220 Volt. Adapter empfehlenswert. Steckdosen sind oft nur für Flachstecker der amerikanischen Norm geeignet.

FILME/FOTOGRAFIEREN

Filme sind kaum teurer als in Deutschland, die Entwicklung von Filmen ist billig. Papierabzüge gibt es an fast jeder Straßenecke zu Spottpreisen.

Fotografieren Sie bitte mit Takt. Wer Mönche fotografieren will, sollte das diskret tun.

FLUGGESELLSCHAFTEN

Rund 60 Fluglinien haben Büros in Bangkok. Ein Verzeichnis finden Sie in den gelben Seiten des Telefonbuchs. Aktuelle Übersicht über Inlandflüge in Thailand, z. B. zu den Badeorten im Süden über: *http://asiatravel.com/flight.html*

Bangkok Airways **(117/F 2)**
140 First Pacific Building, Sukhumuit Rd., Tel. 253-89 42-6, Fax 253-40 05 oder *Flughafen, Tel. 535-24 97*

Thai Airways International
(O) *89 Vibhavadi Rangsit Rd., Tel. 513-01 21; Flughafen* **(O)**, *Tel. 535-20 81, und 485 Silom Rd.* **(116/C 3)**, *Tel. 234-31 00 und 233-38 10*

Thai Airways **(O)**
Inland, Flughafen, Tel. 523-61 21 und 535-20 81

Lufthansa
(117/D–E 2) *Bank of America Building, 2/2 Wireless Rd., Tel. 255-03 70;* **(117/D 2)** *Q. House, 55 Soi 21, Sukhumvit Rd., Tel. 264-24 00*

LTU **(O)**
Rama Gardens Hotel, 9/9 Vibhavadi Rangsit Rd., Bangkaen, Tel. 561-37 84-6 oder 561-37 67

Swissair **(116/C 3)**
2nd Fl., Zuelling Bldg., Silom Rd., Tel. 233-29 35-8

Rikschafahrer: Warten auf Kundschaft

Lauda Air **(116/B 3)**
14th Wall Street Tower, 33/67-68 Surawong Rd., Tel. 233-25 65-6

FLUGHAFEN

Don Muang, der internationale Flughafen, liegt 22 km nördlich der Stadt (**O**) *(Tel. 535-12 54),* mit Bank, Touristenbüro und Hotelvermittlung. Aber Vorsicht, die Angestellten kassieren für die Vermittlung bestimmter Hotels Provisionen.

Die Fahrtdauer in die Stadt liegt je nach Verkehr zwischen einer halben bis zwei Stunden. Airport-Express-Zug: *8.55, 12.12, 14.35, 16.55, 19.20, 21.40 Uhr. Fahrzeit: 35 Min.* Ticket: *am Schalter des Thai-Limousinen-Service für 100 Baht incl. Shuttlebus.* Chao Phraya – Airport River Jet: *alle 30 Min., Fahrzeit incl. Shuttlebus: 40 Min. für 700 Baht. Abfahrt in Bangkok vom River-City-Anleger. Flughafensteuer 250 Baht*

GESUNDHEIT

Impfungen sind nicht erforderlich. Bangkok hat gute Krankenhäuser und Ärzte, wie das private *Samrong General Hospital, Sukhumvit Rd., Soi 78, Tel. 393-2131-5,* mit rund 60 Ärzten, die an amerikanischen oder europäischen Universitäten ausgebildet sind. Praxis Dr. Lopachok, deutschsprachig. Auch Hotelbesuch möglich. *Sukhumvit Rd.,* **(117/E 1)** *Soi 3, Tel. 253-58 57*
Dental Poly Clinic, *New Petchburi Rd.* (**O**), *Tel. 314-50 70, 314-43 97*

KREDITKARTEN

Sie werden von allen größeren Hotels, Restaurants und Geschäften akzeptiert. Außerdem kann man mit Kreditkarten an Bankschaltern und Automaten Bargeld abheben. Master Card und Visa sind am weitesten verbreitet. In manchen Einzelhandelsgeschäften kann man den Preis um 5 bis 8 Prozent drücken, wenn man bar bezahlt. Mit Master Card und Visa kann man bei allen Zweigstellen der *Thai Farmers Bank,* der *Siam Commercial Bank* und ihren Wechselstuben alle 7 Tage bis zu 1000 US-Dollar in Landeswährung erhalten.

American Express **(116/C 1)**
388 Paholyothin Rd., Tel. 273-00 33 oder Vertretung: Sea Tours, Suite 414, Siam Center, 965 Rama I Rd., Tel. 251-48 62-9

Diner's Club **(116/C 3)**
11. Stock des Dusit Thani Building, 946 Rama IV Rd., Mo–Fr 8.30 bis 17.30 Uhr, Tel. 233-03 13 oder 233-57 75, bei Verlust 233-56 44

Visa & Master Card **(117/D 2)**
Bank of America Building, Mo–Fr 8.30–12.30 Uhr, 2/2 Wireless Rd., Tel. 251-63 33. Und bei Filialen der Thai Farmers Bank, der Siam Commercial Bank und der Bank of America.

KRIMINALITÄT

Die Kriminalitätsrate ist in Bangkok hoch. Touristen sind allerdings nur selten betroffen. Es sei denn, sie verhalten sich blauäugig, wenn sie sich in Vierteln oder Lokalen aufhalten, wo es käuflichen Sex gibt. Dann kann es passieren, dass man mit K.-o.-Tropfen betäubt im Straßengraben aufwacht.

Es gibt viele Taschendiebe. Daher keine großen Geldmengen mitführen und alles nah am Körper tragen. Auch allein reisende Frauen können sich in Bangkok sicher fühlen. Bei Problemen wenden Sie sich an die Touristenpolizei oder die Botschaft.

MIETWAGEN

Es gibt keine Mietwagenfirmen am Flughafen. Bangkok erstickt im Verkehr, es herrscht Linksverkehr, und es ist wirklich kein Vergnügen, selber zu fahren. Falls Sie doch fahren mögen: Ein internationaler Führerschein ist erforderlich. Benzin kostet rund 50 Prozent weniger als in Deutschland.

Avis **(117/D 2)**
10/1 Wireless Rd., Tel. 2330397

Hertz
987 Phloenchit Rd. **(117/D 1)**, *Tel. 2524903,* und *New Phetchaburi Rd.* **(O)**, *Tel. 251-75 75*

Dollar Car Rent **(115/F 3)**
272 Soi Chinda-Thawin, Si Phraya Rd., Tel. 234-97 70

ÖFFNUNGSZEITEN

Keine gesetzlichen Ladenschlusszeiten, fast alle Geschäfte sind auch sonntags offen.

Warenhäuser
Tgl. 9–21 Uhr

Behörden
Mo–Fr 8.30–16 Uhr

POST

(115/F 3) *General Post Office (GPO), New Road, Mo–Fr 8–20 Uhr.* Luftpostbrief *nach Europa: 20 Baht, Postkarte: 9 Baht.* Briefmarken in Souvenir-, Schreibwarenläden, Hotels.

TAX-FREE-SHOPS

Im Auslandsterminal des Flughafens Don Muang und im Erdgeschoss des Asia Hotels; außerdem von 7 bis 21 Uhr im Parterre des **(117/D 1)** *Mahatun Plaza Building, 888 Phloenchit Rd.* Gekaufte Waren werden vor der Rückreise am Flughafen ausgehändigt.

TAXIS

Die meisten Taxen sind mittlerweile mit Taxameter ausgestattet, siehe Schild »Taxi-Meter«. Einschaltgebühr 35 Baht für die ersten 2 km, danach gestaffelt 5, 4,50, 3,50 Baht. Eine Minute Stau kostet 1 Baht. Vorher Fahrtziele in Thailändisch aufschreiben lassen und Visitenkarte vom Hotel mitnehmen. Nutzen Sie auch das Kapitel »Thai zum Zeigen« in diesem Band. Bei allen anderen Taxen muss der Preis vor Fahrtantritt ausgehandelt werden. Kürzere Strecken kosten 50 bis 60 Baht, von der Innenstadt zum Flughafen rund 180 Baht.

Motorradtaxis
Die gefährlichste Art, durch das Verkehrsgewühl zu kommen.

Tuk-Tuks
Eine Art Motorroller mit Sitzbank. Nur für kürzere Strecken. Sie sind billiger als Taxis.

TELEFON/TELEFAX

Auslandsgespräche sind meist unproblematisch. 3-Minuten-Gespräche im Selbstwählverfahren kosten rund 210, ein *person-to-person*-Gespräch rund 280 Baht. In exklusiven Hotels teurer. R-Gespräche *(collect calls)* sind gegen geringe Vermittlungsgebühr möglich. Das *Telecommunications Center* neben dem **(115/D 1)** *General Post Office* an der *New Road ist von 0 bis 24 Uhr geöffnet. Vorwahl nach Deutschland: 00149*
nach Österreich: 00143
in die Schweiz: 00141
nach Thailand: 0066
Telefax können Sie von Hotels und Postämtern aus benutzen.

TOURISTENPOLIZEI

(111/F 6) *509 Worachak Rd., Tel. 221-62 06-9, 8–24 Uhr; Flughafen, Tel. 535-16 41.* In einem Touristenpolizei-Häuschen *am Ende von Patpong 2* **(116/C 3)** *finden Sie Hilfe, falls es Ärger im Nachtleben gibt. Notruf Polizei: 195 (24 Std.)*

TRINKGELD

Es ist in den meisten Restaurantrechnungen eingeschlossen. In größeren Restaurants wird dennoch ein *Tip* erwartet, ebenso vom Hotelservicepersonal. Kein *Tip* für Taxifahrer und beim Essen in Garküchen.

WETTER

Es ist immer sehr drückend. Wegen der hohen Luftfeuchtigkeit empfiehlt es sich, möglichst Kleidung aus Baumwolle zu tragen. Von Oktober bis Januar: »kühle« Jahreszeit, um 31 Grad. Februar bis Juni: heiße Jahreszeit, um 34 Grad. Mai bis Oktober: Regenzeit, um 32 Grad. Dann stehen Straßen oft unter Wasser. Wetterinformation: *http://intellicast.com/weather/bkk/*

ZEIT

MEZ plus 6 Stunden, während der mitteleuropäischen Sommerzeit plus 5 Stunden.

ZEITUNGEN

Zwei große englischsprachige Tageszeitungen gibt es, die *Bangkok Post* und *The Nation*. Über das politische Geschehen informieren z.B. *Asia Week* und *Time*. Zweimal wöchentlich erscheint auch eine deutschsprachige Zeitung, die *Bangkoker Allgemeine.* Bangkok Post online: *www.bangkokpost.com/index/html*

Deutsche Bücher und Zeitungen finden Sie im **(117/D 4)** *Goethe-Institut, 18/1 Soi Attakarn, Rama IV Rd., Mo–Do 10–17 Uhr, Fr 8–14 Uhr, Tel. 286-90 02-4*

ZOLL

Devisen können unbegrenzt eingeführt werden. Ab 10 000 Dollar ist allerdings eine Deklaration erforderlich.

Einfuhr von 200 Zigaretten und 1 l Spirituosen und Wein sind erlaubt. Verboten sind die Einfuhr von Schusswaffen, Drogen, pornografischen Filmen und Büchern und der Export von Buddha-Bildnissen.

Für Deutschland, Schweiz und Österreich gelten folgende Zollbestimmungen: Pro Person ein Warenwert bis 350 Mark bzw. 2500 öS bzw. 200 sfr., 200 Zigaretten oder 50 Zigarillos oder 250 g Tabak, 1 l hochprozentige Spirituosen oder 2 l Wein, 500 g Kaffee und 50 g Parfüm.

WETTER IN BANGKOK

Die monatlichen Durchschnittswerte im Überblick

	Jan.	Feb.	März	April	Mai	Juni	Juli	Aug.	Sept.	Okt.	Nov.	Dez.
Tagestemperaturen in °C	32	33	34	35	34	33	32	32	32	31	31	31
Nachttemperaturen in °C	20	23	24	26	25	25	25	24	24	24	23	20
Sonnenschein Std./Tag	8	8	8	10	8	6	5	5	5	6	7	8
Niederschlag Tage/Monat	1	2	3	4	13	14	15	15	17	13	4	1
Wassertemperaturen in °C	26	27	27	28	28	28	28	28	28	27	27	27

Bloß nicht!

Wo Touristen auftauchen, blüht auch der Nepp. Aufpassen ist immer angesagt

Drogen transportieren
Viele Touristen sitzen wegen Drogenbesitz in nicht gerade angenehmen Gefängnissen. Viele Dealer sind Spitzel. Transportieren Sie nichts für Fremde!

Offenes Wasser trinken
Bloß nicht Wasser trinken, von dem Sie nicht genau wissen, dass es aus einer gekauften Flasche stammt! Keine Eiswürfel ins Getränk tun, die nicht industriell produziert wurden! Sonst ist Montezumas Rache sicher.

Händeschütteln
Thais begrüßen sich nicht per Handschlag, sondern sie legen die Handflächen gegeneinander *(wai)*. Nicht einmal eine Prostituierte würde einem Thai diesen Kontakt gewähren. Viele Thais reichen deshalb ausländischen Frauen die Hand zum Gruß. Das finden sie unheimlich spaßig.

Den Kopf eines Thais berühren
Der Kopf gilt als heilig und sollte auch nicht freundschaftlich berührt werden.

In kurzen Hosen in einen Tempel
Shorts, nackte Schultern, Strandsandalen, tiefes Dekolletee, so kommen Sie garantiert in keinen Tempel.

Auf Schlepper reinfallen
»Heute gibt es dort einen besonders hohen Discount!« So versucht man Sie zu einem Besuch in einem Shop zu überreden. Also Vorsicht vor »hilfsbereiten« Tuk-Tuk-Fahrern und Passanten. Denn Sie zahlen nur drauf.

In dubiose Shows gehen
Besonders im Patpong gilt die Regel: Je mehr Treppen Sie zu einem Etablissement hochklettern müssen, um so dubioser wird es. Oft müssen Sie für die Show kein Eintrittsgeld zahlen, dafür wird von Ihnen eine »Auslöse« kassiert, wenn Sie das Lokal wieder verlassen wollen. Rauchen Sie dort keine angebotene Zigarette. Mit Drogen präparierte Zigaretten sind keine Seltenheit.

Zahlen, was verlangt wird
Handeln ist ein Muss! Außer in großen Warenhäusern und Boutiquen; aber selbst da klappt es, wenn sie mehr als ein Teil kaufen. Handeln Sie besonders in Antiquitäten-, Kunstgewerbe-, Schmuck- und Seidengeschäften. Auf den Märkten gilt die Faustregel: geforderter Preis minus 50 Prozent. Fangen Sie beim Handeln extrem niedrig an, aber nur, wenn Sie wirklich interessiert sind.

Das Glossar enthält alle Sehenswürdigkeiten, Museen, Restaurants, Hotels und öffentlichen Einrichtungen.

Hotels

Airport-Hotel	โรงแรมแอร์พอร์ต
Ambassador Hotel	โรงแรมแอมบาสซาเดอร์
Asia Hotel	โรงแรมเอเซีย
Carlton Inn	คาร์ตัน อินน์
Comfort Inn	คอมฟอร์ต อินน์
D & D Inn	ดี แอน ดี อินน์
Dusit Thani	ดุสิตธานี
Fortuna Hotel	โรงแรมฟอร์จูนน่า
Grand Hyatt Erawan	แกรนด์ไฮเอทเอราวัณ
Grand Tower	แกรนด์ทาว์เวอร์
Hilton International Hotel	โรงแรมฮิลตันอินเตอร์เนชั่นเนล
Holiday Inn Crown Plaza	ฮอลิเดย์อินคราวน์พลาซ่า
Impala	อิมพลาล่า
J. + Joe House	เจ แอน โจ เฮาส์
Le Meridien President	เลอร์ เมริเดียน เพรสซิเด้นซ์
Manhattan	แมนฮัทตัน
Marco Polo Hotel	โรงแรมมาโคโปโล
Mido	มิโด้
Nana	นานา
Narai Hotel	โรงแรมนารายณ์
Newrotel	นิวโรเทล
Oriental Hotel	โรงแรมโอเรียนเต็ล
Prince	ปริ๊นส์
Ra-Jah	ราชา
Rama Gardens Hotel	โรงแรมรามาการ์เด้นส์
Regent	รีเจ้นท์
River View Guest House	ริเวอร์วิวเกสต์เฮ้าส์
Royal	รอยัล
Royal Orchid Sheraton	รอยัลออคิดเชอร์ราตัน
7 Holders Guest House	เซเว่นท์ โฮเด้อร์ เกสเฮ้าส์
Shangri-La-Hotel	โรงแรมแชงกรีล่า
Siam City Hotel	โรงแรมสยามซิตี้
Siam Intercontinental	สยามอินเตอร์คอนทิเนนทัล
Stable Lodge	สเตเบอร์ลอร์ด
Tara Hotel	โรงแรมธารา
The Majestic Palace	เดอะ์มาเจสติคพลาเลซ
The Mandarin	เดอะ์แมนดาริน
The Mansion Kempinski	แมนชั่นเคมเพนสกี้
The Menam Hotel	โรงแรมแม่น้ำ
The Park Hotel	โรงแรมพาร์ค
The Peninsula	เพนนินซูล่า
The Royal River	รอยัลริเวอร์
The Sukuthai	สุโขทัย
Top Guest House	ท็อปเกสเฮ้าต์
Viengtai	เวียงใต้

Woodlands	วู้ดแลนด์

Sehenswürdigkeiten, Straßen, Plätze und Museen — สิ่งที่น่าชมน่าดู ถนน สถานที่ และพิพิธภัณฑ์

Ancient City	เมืองโบราณ
Chao Phraya Fluss	แม่น้ำเจ้าพระยา
Charoen Krung Road	ถนนเจริญกรุง
Chatuchak Park	สวนจตุจักร
Chinatown	เยาวราช
Chitralada Place	สวนจิตรดา
Damnoen Saduak	ดำเนินสะดวก
Democracy Monument	อนุเสาวรีย์ประชาธิปไตย
Dusit	ดุสิต
Dusit Zoo	สวนสัตว์ดุสิต
Erawan-Schrein	ศาลพระพรหม
Giant Swing	เสาชิงช้า
Golden Mount	ภูเขาทอง
Jim-Thompson-House	บ้านจิมทอมสัน
Kamthieng House	บ้านคำเที่ยง
Khao San Road	ถนนข้าวสาร
Königliches Barkenmuseum	พิพิธภัณฑ์เรือหลวง
Königspalast	พระราชวัง
Krokodilfarm	ฟาร์มจระเข้
Krung-Thon-Brücke	สะพานกรุงธน
Lak Muang	ศาลหลักเมือง
Lumphini Park	สวนลุมพินี
National Art Gallery	หอศิลป์
Nationalmuseum	พิพิทธภัณฑ์สถานแห่งชาติ
Nationaltheater	โรงละครแห่งชาติ
New Road	ถนนเจริญกรุง
Oriental Hotel	โรงแรมโอเรียลเต็ล
Pahuraht	พาหุรัด
Patpong	พัฒน์พงศ์
Phallus-Schrein	ศิวลึงค์
Phra Thinang	พระที่นั่ง
Phutalet Markt	ตลาดปูทะเล
Rommani-Nart-Park	สวนรมณีย์นาถ
Sampeng Lane	ย่านสำเพ็ง
Sanaam Luang	สนามหลวง
Schlangenfarm	ฟาร์มงู
Siam Square	สยามสแควร์
Silom Road	ถนนสีลม
Soi Lang Suan	ซอยหลังสวน
Soi Sarasin	ซอยสารสิน
Suan Luang Rama IX. Park	สวนหลวงร .9
Suan Pakkard Palast	สวนผักกาด
Sukhumvit Road	ถนนสุขุมวิท
Taksin-Brücke	สะพานตากสิน
Taksin-Platz	อนุเสาวรีย์พระเจ้าตากสิน

Tempel der Namdhari Sikhs	วัดแขกนิกายซิกข์ (นามดาริ ซิกข์)
Thewes Market (Blumenmarkt)	ตลาดเทเวศน์ (ตลาดดอกไม้)
Thien-Pier	ท่าเตียน
Thieves Market	ตลาดเทเวศน์
Thonburi	ธนบุรี
University of Chulalongkorn	มหาวิทยาลัยศิลปกร
University of Thamasat	มหาวิทยาลัยธรรมศาสตร์
Vimarnmek Teakwood Palast	พระที่นั่งวิมานเมฆ
Wat Arun	วัดอรุณ
Wat Benchamaabophit	วัดเบญจบพิตร
Wat Bovornives	วัดบวรนิเวศ
Wat Dao Khanong	วัดดาวคะนอง
Wat Intharam	วัดอินทราราม
Wat Khaek	วัดแขก
Wat Mangkon	วัดมังกร
Wat Phai Lom	วัดไผ่ล้อม
Wat Pho	วัดโพธิ์
Wat Phra Kaeo	วัดพระแก้ว
Wat Raja Orot	วัดพระราชโอรส
Wat Rajapardit	วัดราชประดิษฐ์
Wat Sakhet	วัดสระเกศ
Wat Sangkchai	วัดแสงชัย
Wat Suthat	วัดสุทัศน์
Wat Traimitr	วัดไตรมิตร
Wat Yannawa	วัดยานนาวา

Restaurants und Lokale	ภัตตาคารและร้านอาหาร
Ambassador Food Center	ศูนย์อาหารแอมบาสเดอร์
Art House Restaurant	ภัตตาคารบ้านโบราณ (อาร์ทเฮ้าส์)
Baan Kanitha	บ้านขนิษฐา
Baan Thai	บ้านไทย
Ban Bung Garden Restaurant	ภัตตาคารบ้านบึงการ์เด้นซ์
Ban Chiang	บ้านเชียง
Bussaracum	บุศราคัม
Cabbages & Condoms	เค็ปแบ็ก แอนด์ คอนด้อมส์
Café India	คาเฟ่อินเดีย
Chez Daniel Le Normand	แช๊สดาเนล เลอร์ นอร์มานด์
Coca Restaurant	ภัตตาคารโคคา
Genji Restaurant	ภัตตาคารเจนจิตร
Himali Cha Cha	หิมาลัยชาช่า
Hoi Tien Lao	ห้อยเทียนเหลา
Italian Pavillon	อิตาเลียนพาวิลเลี่ยน
La Tache	ลาทัศเช่
Lemongrass	เลม้อนกร้าส
Lord Jim's	ลอร์ดจิม
Mahboonkrong Center	มาบุญครองเซ็นเตอร์
Mayflower	เมย์เฟาว์เวอร์
Na Phra Lan	หน้าพระลาน
New Kobe	นิวโกเบ

Normandie	นอร์มังดีย์
Paulaner Brauhaus	พาวลาเนอร์
Royal Dragon Restaurant	ภัตตาคารมังกรทอง
Sala Rim Nam	ศาลาริมน้ำ
Salathip	ศาลาทิพย์
Savoey Seafood	เสวยซีฟู้ด
Scala	สกาลา
Seafood Market	ภัตตาคารซีฟู้ด
Shangrila-Restaurant	ภัตตาคารแชงกรีล่าร์
Shogun	โชกุน
Silom Village Trade Center	สีลมวิลเลจเทรดเซ็นเตอร์
Spice Market	สไปร์ทมาเก็ต
Sunflower Restaurant	ภัตตาคารซันเฟาวเวอร์
Takasago Sushi Restaurant	ภัตตาคารทากาซาโกซูชิ
The China House	ไชน่าเฮ้าส์
The Royal Kitchen	รอยัลคิดชั่น
The Whole Earth	เดอะโฮลเอิร์ท
Tum Nak Thai	ตำหนักไทย

Wichtige Begriffe und Institutionen

คำ และสถานที่สำคัญต่างๆ

Bangkok Airways	สายการบินบางกอกแอร์เวย์
Damentoilette	ห้องน้ำหญิง
Dental Poly Clinic	ทันตกรรมคลีนิค
Deutsche Botschaft	สถานทูตเยอรมัน
Don Muang Flughafen	สนามบินดอนเมือง
Eastern Bus Terminal	สถานีรถขนส่งสายตะวันออก
European Asian Bank	ธนาคารยูโรเปียน เอเซีย
Flughafen	สนามบิน
General Post Office	ไปรษณีย์กลาง
Goethe-Institut	สถาบันเกอร์เธ่
Hauptbahnhof	สถานีรถไฟ
Herrentoilette	ห้องน้ำชาย
Immigration Division	กองตรวจคนเข้าเมือง
LTU	สายการบินแอลทียู
Lufthansa	สายการบินลุฟท์ฮันซ่า
Northern Bus Terminal	สถานีรถขนส่งสายเหนือ (หมอชิต)
Oriental-Fähranleger	ท่าน้ำโอเรียนเต็ล
Österreichische Botschaft	สถานทูตออสเตรีย
Polizeistation	สถานีตำรวจ
Postamt	ไปรษณีย์
River-City-Anleger	ท่าน้ำริเวอร์ซิตี้
Samrong General Hospital	โรงพยาบาลสำโรง
Schweizer Botschaft	สถานทูตสวิสเซอร์แลนด์
Siam Commercial Bank	ธนาคารไทยพาณิชย์
Southern Bus Terminal	สถานีรถขนส่งสายใต้
Swissair	สายการบินสวิสแอร์
Telecommunications Center	ศูนย์โทรคมนาคม
Thai Airways International	สายการบินไทยอินเตอร์เนชั่นเนล
Tourism Authority of Thailand	การท่องเที่ยวแห่งประเทศไทย

Sprechen und Verstehen ganz einfach

Zur Erleichterung der Aussprache sind alle thailändischen Wörter mit einer einfachen Aussprache (in der mittleren Spalte) versehen. Kursives (männliche Form) ist bei Bedarf entsprechend durch *[...]* (weibliche Form) zu ersetzen.

AUF EINEN BLICK

Ja.	*krap [ka]*/ tschai.	*ครับ [ค่ะ]* /ใช่.
Nein.	mai *krap [ka]*/ mai tschai.	ไม่ *ครับ [ค่ะ]* /ไม่ใช่.
Vielleicht.	baang thii.	บางที.
Bitte.	koo … noi.	ขอ ... หน่อย.
Danke.	koopkun.	ขอบคุณ.
Vielen Dank!	koopkun maak!	ขอบคุณมาก !
Gern geschehen.	duai kwaam jindii.	ด้วยความยินดี.
Entschuldigung!	koo thoot!	ขอโทษ !
Wie bitte?	arai *krap [ka]*?	อะไร *ครับ [คะ]* ?
Ich verstehe Sie/dich nicht.	*phom [di-tschan]* mai kau dschai thi kun phuut.	*ผม [ดีฉัน]* ไม่เข้าาจที่คุณพูด.
Ich spreche nur wenig …	*phom [di-tschan]* phuut … dai nit noi thau nan.	*ผม [ดีฉัน]* พูด ... ได้นีดหน่อย เท่านั้น.
Können Sie mir bitte helfen?	garuna tschuai *phom [di-tschan]* noi dai mai *krap [ka]*?	กรุณาช่วย *ผม [ดีฉัน]* หน่อยได้ ไหม ครับ *[คะ]* ?
Ich möchte …	*phom [di-tschan]* jaak dscha…	*ผม [ดีฉัน]* อยากจะ ...
Das gefällt mir (nicht).	*phom [di-tschan]* (mai) tschoop.	*ผม [ดีฉัน]* (ไม่) ชอบ.
Haben Sie …?	kun mii … mai?	คุณมี ... ไหม ?
Wieviel kostet es?	ni raakaa thau rai?	นี่ ราคาเท่าไหร่ ?
Wieviel Uhr ist es?	gii mong lääo?	กี่มงแล้ว ?
Wo finde ich …?	… juu thi nai?	... อยู่ที่ไหน ?
eine Apotheke	raan kaai jaa	ร้านขายยา
eine Bank	tha-na-kaan	ธนาคาร
Fotoartikel	raan uppagoon thaai ruup	ร้านอุปกรณ์ถ่ายรูป
ein Kaufhaus	haang sappha-sinkaa	ห้างสรรพสีนค้า
einen Markt	talat	ตลาด
Guten Morgen!/Guten Tag!/Guten Abend!	sawatdii *krap [ka]* !	สวัสดี ครับ *[ค่ะ]* !
Hallo! Grüß dich!	sawatdii *krap [ka]* !	สวัสดี ครับ *[ค่ะ]* !
Mein Name ist …	*phom [di-tschan]* tschüü …	*ผม [ดีฉัน]* ชื่อ ...
Wie ist Ihr/dein Name?	kun tschüü arai *krap [ka]* ?	คุณชื่ออะไร *ครับ [คะ]* ?
Auf Wiedersehen!/Tschüs!	sawatdii!	สวัสดี !
Hilfe!	tschuai duai!	ช่วยด้วย !
Achtung!/Vorsicht!	rawang!	ระวัง !

Können Sie mir bitte … empfehlen?	kun tschuai nä-nam … hai *phom [di-tschan]* noi dai mai?	คุณช่วยแนะนำ ... ให้ ผม *[ดีฉัน]* หน่อยได้ไหม ?
… ein Hotel	… roongrääm	... โรงแรม
… eine Pension	… geshaus	... เกสท์เฮาส์
Ich habe bei Ihnen ein Zimmer reserviert.	*phom [di-tschan]* dschoong hoong thi kun wai nüng hoong.	ผม [ดีฉัน] จองห้องที่คุณไว้หนึ่ง ห้อง.
Haben Sie noch Zimmer frei?	kun jang mii hoong waang mai?	คุณยังมี ห้อง ว่างไหม ?
ein Einzelzimmer	hoong diao	ห้องเดี่ยว
ein Doppelzimmer	hoong kuu	ห้องคู่
Wo gibt es hier …?	thääo nii mii … thi nai baang?	แถวนี้ มี ... ที่ไหนบ้าง ?
… ein gutes Restaurant	… raan aa-haan dii dii	... ร้านอำหารดีๆ
Auf Ihr Wohl!	koo düüm phüa kun!	ขอดื่มเพื่อคุณ !
Bezahlen, bitte.	gep ngön *krap [ka].*	เก็บเงิน *ครับ* [ค่ะ].
Ich möchte … mieten.	*phom [di-tschan]* koo tschau	*ผม [ดีฉัน]* ขอเชา ...
… ein Auto	… rot jon	... รถยนต์
… ein Fahrrad	… rot dschak-gra-jaan	... รถจักรยาน
… einen Motorroller	… rot moo-töö-sai	... รถมอเตอร์ไซด์
Können Sie mir einen guten Arzt empfehlen?	kun tschuai nä-nam moo thi geng hai *phom [di-tschan]* noi dai mai?	คุณช่วยแนะนำหมอที่เก่งาห้ ผม *[ดีฉัน]* หน่อยได้ไหม?
Ich habe hier Schmerzen.	*phom [di-tschan]* dschep trong nii .	ผม *[ดีฉัน]* เจ็บตรงนี้.

Zahlen

0	suun	๐/ศูนย์	19	sip gau	๑๙/สิบเก้า
1	nüng	๑/หนึ่ง	20	jii sip	๒๐/ยี่สิบ
2	soong	๒/สอง	21	jii sip et	๒๑/ยี่สิบเอ็ด
3	saam	๓/สาม	30	saam sip	๓๐/สามสิบ
4	sii	๔/ส	40	sii sip	๔๐/สี่สิบ
5	haa	๕ห้า	50	haa sip	๕๐/ห้าสิบ
6	hok	๖/หก	60	hog sip	๖๐/หกสิบ
7	dschet	๗/เจ็ด	70	dschet sip	๗๐/เจ็ดสิบ
8	päät	๘/แปด	80	päät sip	๘๐/แปดสิบ
9	gau	๙/เก้า	90	gau sip	๙๐/เก้าสิบ
10	sip	๑๐/สิบ	100	(nüng) rooi	๑๐๐/(หนึ่ง)ร้อย
11	sip et	๑๑/สิบเอ็ด	101	rooi et	๑๐๑/ร้อยเอ็ด
12	sip soong	๑๒/สิบสอง	200	soong rooi	๒๐๐/สองร้อย
13	sip saam	๑๓/สิบสาม	1.000	(nüng) phan	๑,๐๐๐/(หนึ่ง)พัน
14	sip sii	๑๔/สิบสี่	2.000	soong phan	๒,๐๐๐/สองพัน
15	sip haa	๑๕/สิบห้า	10.000	(nüng) müün	๑๐,๐๐๐/(หนึ่ง)หมื่น
16	sip hog	๑๖/สิบหก			
17	sip dschet	๑๗/สิบเจ็ด	1/2	krüng	๑/๒/ครึ่ง
18	sip päät	๑๘/สิบแปด	1/4	nüng suan sii	๑/๔/หนึ่งส่วนสี่

Sprechen und Verstehen ganz einfach

Zur Erleichterung der Aussprache sind alle englischen Wörter mit einer einfachen Aussprache (in eckigen Klammern) versehen. Folgende Zeichen sind Sonderzeichen:

ə	nur angedeutetes »e« wie in bitte
θ	[s] gesprochen mit der Zungenspitze zwischen den Zähnen

AUF EINEN BLICK

Ja./Nein.	Yes. [jäs]/No. [nəu]
Vielleicht.	Perhaps. [pə'häps]/Maybe. ['mäibih]
Bitte.	Please. [plihs]
Danke.	Thank you. ['θänkju]
Vielen Dank!	Thank you very much. ['θänkju 'wäri 'matsch]
Gern geschehen.	You're welcome. [joh 'wälkəm]
Entschuldigung!	I'm sorry! [aim 'sori]
Wie bitte?	Pardon? ['pahdn]
Ich verstehe Sie/dich nicht.	I don't understand. [ai dəunt andə'ständ]
Ich spreche nur wenig …	I only speak a bit of … [ai 'əunli spihk ə'bit əw …]
Können Sie mir bitte helfen?	Can you help me, please? ['kən ju 'hälp mi plihs]
Ich möchte …	I'd like … [aid'laik]
Das gefällt mir (nicht).	I (don't) like it. [ai (dəunt) laik_it]
Haben Sie …?	Have you got …? ['həw ju got]
Wie viel kostet es?	How much is it? ['hau'matsch is it]
Wie viel Uhr ist es?	What time is it? [wot 'taim is it]

KENNENLERNEN

Guten Morgen!	Good morning! [gud 'mohning]
Guten Tag!	Good afternoon! [gud ahftə'nuhn]
Guten Abend!	Good evening! [gud 'ihwning]
Hallo! Grüß dich!	Hello! [hə'ləu]/Hi! [hai]
Mein Name ist …	My name is … [mai näims …]
Wie ist Ihr/dein Name?	What's your name? [wots joh 'näim]
Wie geht es Ihnen/dir?	How are you? [hau 'ah ju]
Danke. Und Ihnen/dir?	Fine thanks. And you? ['fain θänks, ənd 'ju]
Auf Wiedersehen!	Goodbye!/Bye-bye! [gud'bai/bai'bai]
Tschüs!	See you!/Bye! [sih ju/bai]
Bis bald!	See you soon! [sih ju 'suhn]
Bis morgen!	See you tomorrow! [sih ju tə'mərəu]

Auskunft

links/rechts	left [läft]/right [rait]
geradeaus	straight on [sträit 'on]
nah/weit	near [niə]/far [fah]
Bitte, wo ist …?	Excuse me, where's …, please? [iks'kjuhs 'mih 'weəs … plihs]
Hauptbahnhof	main station ['mäin 'stäischn]
Flughafen	airport ['eəpoht]
Hafen	port [poht]
Wie weit ist das?	How far is it? ['hau 'fahr‿is‿it]
Ich möchte … mieten.	I'd like to hire … [aid'laik tə 'haiə]
… ein Auto	… a car [ə 'kah]
… ein Fahrrad	… a bike [ə 'baik]
… ein Motorboot	… a motorboat [ə 'məutəbəut]

Panne

Ich habe eine Panne.	My car's broken down. [mai 'kahs 'brəukn 'daun]
Würden Sie mir bitte einen Abschleppwagen schicken?	Would you send a breakdown truck, please? ['wud ju sänd ə bräikdaun trak plihs]
Gibt es hier in der Nähe eine Werkstatt?	Is there a garage nearby? ['is θeə‿ə 'gärahdsch 'niərbai]

Tankstelle

Wo ist die nächste Tankstelle?	Where's the nearest petrol station? ['weəs θə 'niərist 'pätrəlstäischn]
Ich möchte … Liter …	… litres of … ['lihtəs əw]
… Normalbenzin.	… three-star, ['θrihstah]
… Super.	… four-star, ['fohstah]
… Diesel.	… diesel, ['dihsl]
… bleifrei/verbleit.	… unleaded/leaded, please. [an'lädid/'lädid plihs]
Voll tanken, bitte.	Full, please. ['ful plihs]

Unfall

Hilfe!	Help! [hälp]
Achtung!	Attention! [ə'tänschn]
Vorsicht!	Look out! ['luk 'aut]
Rufen Sie bitte …	Please call … ['plihs 'kohl]
… einen Krankenwagen.	… an ambulance. [ən 'ämbjuləns]
… die Polizei.	… the police. [θə pə'lihs]
… die Feuerwehr.	… the fire-brigade. [θə 'faiəbri,gäid]
Es war meine Schuld.	It was my fault. [it wəs 'mai 'fohlt]
Es war Ihre Schuld.	It was your fault. [it wəs 'joh 'fohlt]
Geben Sie mir bitte Ihren Namen und Ihre Anschrift.	Please give me your name and address! [plihs giw mi joh 'näim ənd ə'dräs]

ESSEN/UNTERHALTUNG

Wo gibt es hier …	Is there … here? ['is θeər … 'hiə]
… ein gutes Restaurant?	… a good restaurant [ə 'gud 'rästərohng]
… ein typisches Restaurant?	… a restaurant with local specialities [ə 'rästərohng wiθ 'ləukl ,späschi'älitis]
Gibt es hier eine gemütliche Kneipe?	Is there a nice pub here? ['is θeər‿ə nais 'pab hiə]
Reservieren Sie uns bitte für heute Abend einen Tisch für 3 Personen.	Would you reserve us a table for three for this evening, please? ['wud ju ri'söhw əs ə 'täibl fə 'θrih fə θis 'ihwning plihs]
Auf Ihr Wohl!	Cheers! [tschiəs]
Bezahlen, bitte.	Could I have the bill, please? ['kud ai häw θə 'bil plihs]
Haben Sie einen Veranstaltungskalender?	Have you got a diary of events? [həw ju got‿ə 'daiəri‿əw i'wänts]

EINKAUFEN

Wo finde ich …?	Where can I find …? ['weə 'kən‿ai 'faind …]
Apotheke	chemist's [kämists]
Bäckerei	baker's [bäikəs]
Fotoartikel	photographic materials [,fəutə'gräfik mə'tiəriəls]
Kaufhaus	department store [di'pahtmənt stoh]
Lebensmittelgeschäft	food store ['fuhd stoh]
Markt	market ['mahkit]

ÜBERNACHTUNG

Können Sie mir bitte … empfehlen?	Can you recommend …, please? [kən ju ,räkə'mänd … plihs]
… ein Hotel	… a hotel [ə həu'täl]
… eine Pension	… a guest-house [ə 'gästhaus]
Ich habe bei Ihnen ein Zimmer reserviert.	I've reserved a room. [aiw ri'söhwd‿ə 'ruhm]
Haben Sie noch …	Have you got … [həw ju got]
… ein Einzelzimmer	… a single room [ə 'singl ruhm]
… ein Doppelzimmer	… a double room [ə 'dabl ruhm]
… mit Dusche/Bad?	… with a shower/bath? [wiθ ə 'schauə/'bahθ]
… für eine Nacht?	… for one night? [fə wan 'nait]
… für eine Woche?	… for a week? [fə ə 'wihk]
Was kostet das Zimmer mit …	How much is the room with … ['hau 'matsch is θə ruhm wiθ]
… Frühstück?	… breakfast? ['bräkfəst]
… Halbpension?	… half board? ['hahf'bohd]
… Vollpension?	… full board? ['ful'bohd]

Arzt

Können Sie mir einen guten Arzt empfehlen?	Can you recommend a good doctor? [kən ju ˌräkəˈmänd ə gud ˈdoktə]
Ich habe hier Schmerzen.	I've got pain here. [aiw got päin ˈhiə]

Bank

Wo ist hier bitte …	Where's the nearest … [weəs θə ˈniərist]
… eine Bank?	… bank? [bänk]
… eine Wechselstube?	… exchange-office? [iks'tschäinsch‿ofis]
Ich möchte … DM (Schilling, Schweizer Franken) wechseln.	I'd like to change … Marks (Austrian shillings, Swiss francs). [aid laik tə tschäinsch … ˈmahks (ˈostriən ˈschillings/ ˈswis ˈfränks)]

Post

Was kostet …	How much is … [ˈhau ˈmatsch is]
… ein Brief …	… a letter … [ə ˈlätə]
… eine Postkarte …	… a postcard … [ə pəustkahd]
… nach Deutschland?	… to Germany? [tə ˈdschöhməni]

Zahlen

0	zero, nought [siərəu, noht]	19	nineteen [ˌnain'tihn]
1	one [wan]	20	twenty ['twänti]
2	two [tuh]	21	twenty-one [ˌtwänti'wan]
3	three [θrih]	30	thirty ['θöhti]
4	four [foh]	40	forty ['fohti]
5	five [faiw]	50	fifty ['fifti]
6	six [siks]	60	sixty ['siksti]
7	seven ['säwn]	70	seventy ['säwnti]
8	eight [äit]	80	eighty ['äiti]
9	nine [nain]	90	ninety ['nainti]
10	ten [tän]	100	a (one) hundred ['ə (wan) 'handrəd]
11	eleven [i'läwn]		
12	twelve [twälw]	1000	a (one) thousand ['ə (wan) 'θausənd]
13	thirteen [θöh'tihn]		
14	fourteen [ˌfoh'tihn]	10000	ten thousand ['tän 'θausənd]
15	fifteen [ˌfif'tihn]		
16	sixteen [ˌsiks'tihn]	1/2	a half [ə 'hahf]
17	seventeen [ˌsäwn'tihn]	1/4	a (one) quarter ['ə (wan) 'kwohtə]
18	eighteen [ˌäi'tihn]		

Cityatlas Bangkok

Die Seiteneinteilung für den Cityatlas finden Sie auf dem hinteren Umschlag dieses Reiseführers

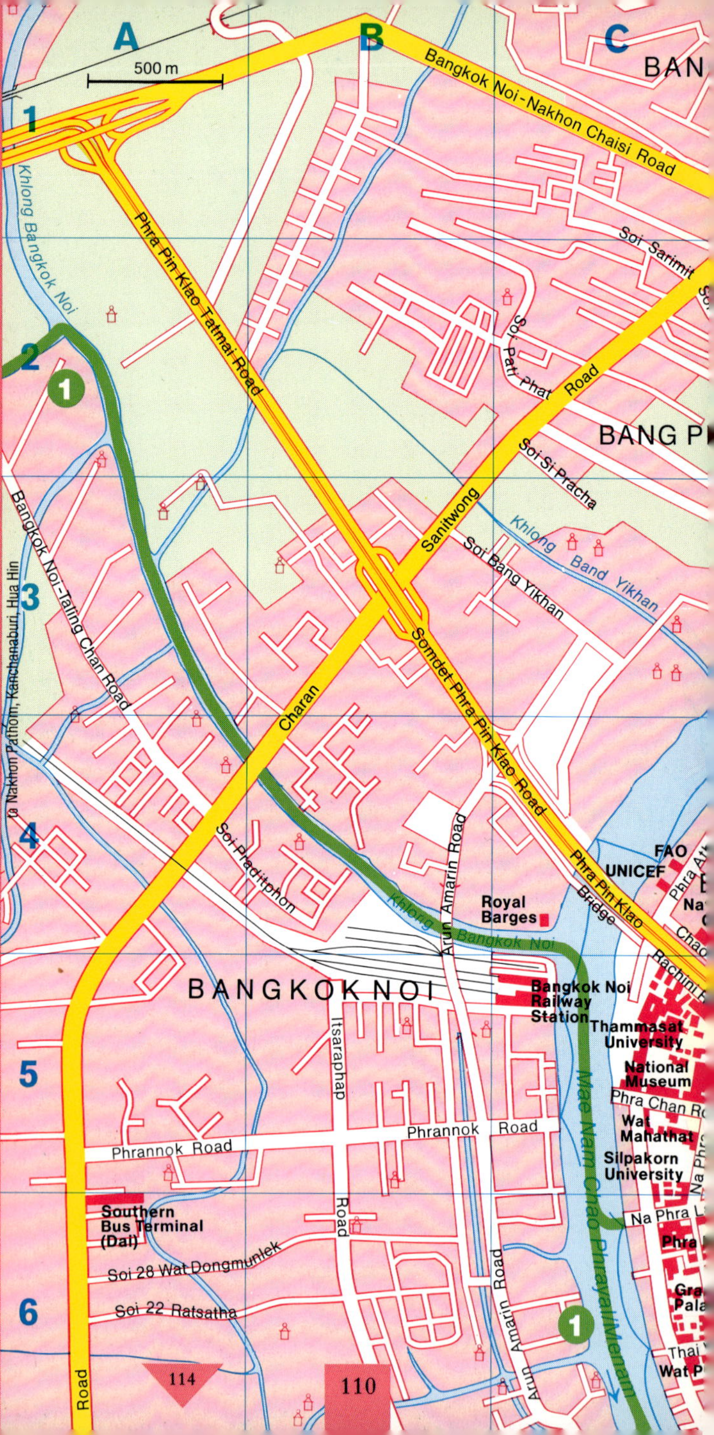

A
B
C
500 m
BAN
1
2
3
4
5
6
Bangkok Noi-Nakhon Chaisi Road
Phra Pin Klao Tatmai Road
Khlong Bangkok Noi
Soi Sarimit
Soi Pati Phat
Road
BANG P
Soi Si Pracha
Sanitwong
Khlong Band Yikhan
Soi Bang Yikhan
Bangkok Noi-Taling Chan Road
to Nakhon Pathom, Kanchanaburi, Hua Hin
Charan
Somdet Phra Pin Klao Road
Soi Praditphon
Arun Amarin Road
Royal Barges
FAO
UNICEF
Phra Pin Klao Bridge
Rachini
Khlong Bangkok Noi
BANGKOK NOI
Bangkok Noi Railway Station
Thammasat University
National Museum
Phra Chan R
Wat Mahathat
Silpakorn University
Itsaraphap Road
Phrannok Road
Phrannok Road
Mae Nam Chao Phraya/Menam
Na Phra L
Southern Bus Terminal (Dai)
Soi 28 Wat Dongmunlek
Soi 22 Ratsatha
Arun Amarin Road
Road
Wat P
Thai

114
110

D
E
F
1
2
3
4
5
6
HAT
Charan Sanitwong Road
Samsen Road
Amnuai Song
Nakhon Chaisi Road
Dao Khang Road
Khlong Sam Sen
Sukho Thai Road
Phi Chai Road
Sang
Wat Kemasiri
Krung Thon Bridge
Ratchawithi Road
Khalok Road
DUSIT
St. Francis Xavier Church and Convent
National Library
U Thong
Ratchasima Road
U Thong Na Rd.
National Assembly
Dusit Zoo
Nok Rd.
Suan Amphorn
Tha Thewes (Flower Market)
Si Ayutthaya Road
Phitsanulok Road
Chulalongkorn Statue
Bank of Thailand
Luk Luang
Nakhon
Parusakkawan Palace
Wat Benchama-bo-bitr
Phayap Rd.
Sam Phraya Rd.
Lamphu Rd.
Wat Indrawihan
Wisut
Likhit Rd.
Nakhon Pathom Rd.
Rama V Road
Royal Turf Club
Parliament
Khlong Banglamphoo
Santitham
Government House
Kasat Road
Prachathipatai
Phra Sumen
Tani Road
Chakra Pong Rd.
Khao San Road
Wat Bovornives
Ratchadamnoen Stadium
T.A.T.
Rajatrinnamai
Khlong Phadung Krung
Chakra Phad
Phaniang Rd.
Sawan
SEATO
Democracy Monument
Ratchadamnoen Klang Road
Ratchadamnoen Nok
POMPRAP
Lan Luang Road
Kasem Road
PHRA NAKHON
Chalerm-Thai Theatre
Golden Mount
Damrongrak Road
Bun Siri Rd.
City Hall
Wat Rachanada
Wat Sakhet
Khlong Mahanak
Mahannop Road
Lak Muang
Sao Ching Chah
Bamrung Muang Road
Charoemket 1 Rd.
2 Rd.
3 Rd.
Mano Yon
Yukhon II Rd.
Wat Rajapradit
Atsadang
Fuang Nakhon Rd.
Ti Thong Road
Wat Suthat
Maha Chai Road
Boriphat Road
Luang
Worachak Road
Maha Chak Road
Wat Tepsirin
Wat Rat-bo-bitr
Wang Saranlom
Charoen Krung Road
Old Siam Plaza
PAHURAT
Royal Theatre
Chai Road
3
2
111
115

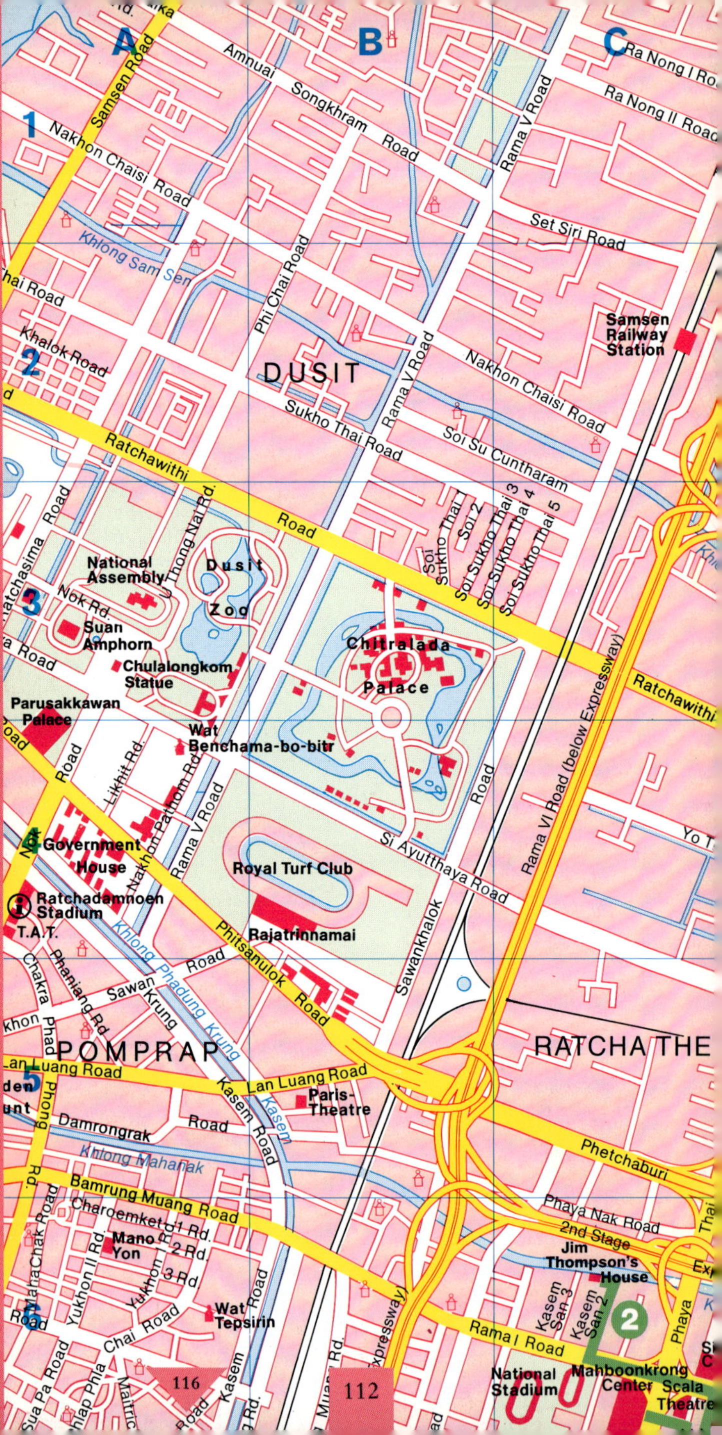
A
B
C
1
2
3
4
5
6
Samsen Road
Amnuai Songkhram Road
Ra Nong I Road
Ra Nong II Road
Rama V Road
Nakhon Chaisi Road
Set Siri Road
Khlong Sam Sen
Phi Chai Road
Khalok Road
Samsen Railway Station
DUSIT
Sukho Thai Road
Soi Su Cuntharam
Ratchawithi Road
Soi Sukho Thai 1
Soi 2
Soi Sukho Thai 3
Soi Sukho Thai 4
Soi Sukho Thai 5
National Assembly
U Thong Nai Rd.
Dusit Zoo
Nok Rd.
Suan Amphorn
Chitralada Palace
Chulalongkom Statue
Parusakkawan Palace
Wat Benchama-bo-bitr
Likhit Rd.
Nakhon Pathom Rd.
Rama V Road
Rama VI Road (below Expressway)
Government House
Ratchadamnoen Stadium
T.A.T.
Royal Turf Club
Si Ayutthaya Road
Rajatrinnamai
Khlong Phadung Krung Kasem
Phitsanulok Road
Sawankhalok Road
Chakra Phad Phong Rd.
Phaniang Rd
Sawan Krung Road
POMPRAP
RATCHA THE
Lan Luang Road
Paris-Theatre
Kasem Road
Damrongrak Road
Khlong Mahanak
Phetchaburi
Bamrung Muang Road
Charoemket 1 Rd.
2 Rd.
3 Rd
Mano Yon
Yukhon II Rd.
Yukhon I Rd.
Phaya Nak Road
2nd Stage Expressway
Jim Thompson's House
Kasem San 3
Kasem San 2
Maha Chak Road
Wat Tepsirin
Chai Road
Rama I Road
Phaya Thai
National Stadium
Mahboonkrong Center
Scala Theatre
Sua Pa Road
Matrichit Road
116
112

D
E
F
1
2
3
4
5
6
SAPHAN
KHWANG
PHAYA THAI
DIN
DAENG
2nd Stage Expressway
Soi Rewa
Soi Charoen
Soi Roengphay
Soi Pracha N
Soi Santi Se
Soi King Chin
Soi Pradit
13 Chai
Soi Sena Ruam
14 Soi Supphara
11
Soi Ci Fa 9
Sutthisarn
12 S. Prayat Sap
10 S. Prayat Sap
8 Soi Sai Lom
Soi Inthara Mara 6
Soi Inthara Mara 8
Soi Inthara Mara 10
Soi Ari 5
Soi Ari 4
Soi Ari 3
Soi Ari 2
Soi Ari 1
Soi Ari 7
6 Soi Chaleom Lap
Soi Sukkha Chit
Soi Kanchanakhom
Soi Ratcha
5 Khru
4 Soi
2 Soi
Ratchayothin Rd
Soi Ari Samphan 1
Soi Ari Samphan 2
Soi Ari Samphan 3
S. Ari Samphan 4
S. Ari Samphan 5
Satsana
Soi Ru Cha 3
Soi Ru Cha 1
Phahon Yothin Road
Television
Sanampao Road
Wiphawadi-Rangsit Road
Mitmaitri Road
Thai-Japan
Stadium
Soi Santisuk
Soi Phra Nang
Soi Atthawimon
Soi Bun Chu Si
Soi Bun Yu
Soi Annop Narumit
Soi Ruam Mit
Anutsawari
Chaisamoraphum
(Victory Monument)
Road
Din Daeng Road
Din Daeng Road
Phaya Thai Road
Rang Nam Rd.
Ratchaprarop Road
Bangkok-
Rama
Theatre
Si Ayutthaya Road
Khlong Sam Sen
Athen
Theatre
Suan Pakkard
Palace
Makkasan
Railway Station
Indra
Theatre
Watthana Sin S.
Makkasan Road
Metro
Theatre
Paramount
Theatre
Pratu Nam
Market
Soi Chaturat
New Phetchaburi Road
Sen Seb
Siam
Inter-
continental
Hotel
World
Trade
Centre
Nai
Lert
Park
500 m
113
117
Rama I Road

110

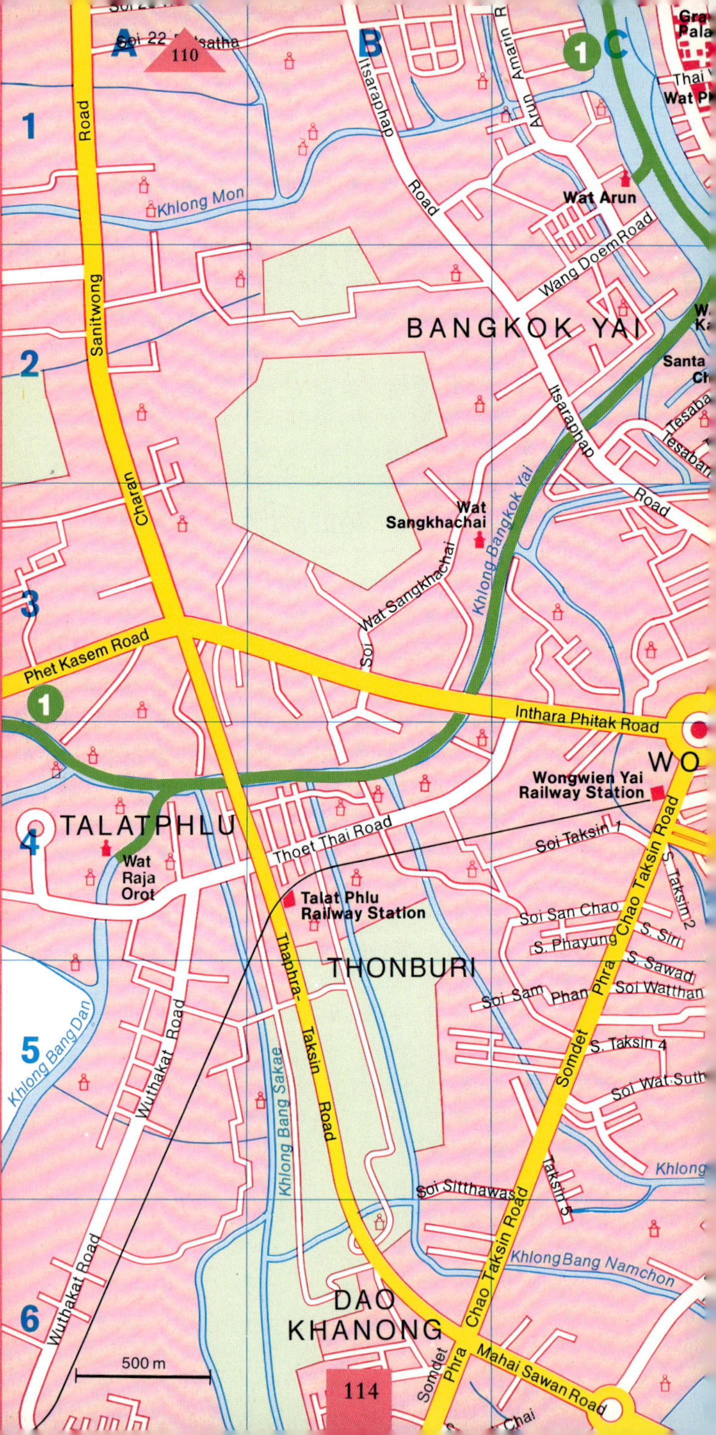
A
B
C
1
2
3
4
5
6
Soi 22
Itsaraphap Road
Amarin R
Arun
Wat Arun
Wang Doem Road
Khlong Mon
Sanitwong
Road
Charan
BANGKOK YAI
Santa
Itsaraphap
Road
Tesaban
Wat Sangkhachai
Khlong Bangkok Yai
Soi Wat Sangkhachai
Phet Kasem Road
Inthara Phitak Road
Wongwien Yai Railway Station
TALATPHLU
Wat Raja Orot
Thoet Thai Road
Soi Taksin 1
Talat Phlu Railway Station
Soi San Chao
S. Phayung
S. Siri
S. Sawad
Soi Watthan
S. Taksin 2
Somdet Phra Chao Taksin Road
THONBURI
Thaphra-Taksin Road
Soi Sam Phan
S. Taksin 4
Soi Wat Suth
Khlong Bang Dan
Wuthakat Road
Khlong Bang Sakae
Khlong
Taksin 5
Soi Sitthawas
Khlong Bang Namchon
Chao Taksin Road
DAO KHANONG
Somdet Phra
Mahai Sawan Road
Chai
500 m

114

111
115
D
E
F
1
2
3
4
5
6
Wat Rat-bo-bitr
Wang Saranlom
Charoen Krung Road
Royal Theatre
PAHURAT
Old Siam Plaza
Pahurat Road
Nakhon Kasem
Yaowarat Road
Chakraphet Rd.
Chakrawat Road
Woracchak Road
Bophit Phimuk
Luang
Wat Tepsirin
Santiphap Rd.
Krung Kasem
Hua Lamphong (Main Railway Station)
Noppawong Rd.
Mitraphan
Maitrichit
Plaeng Nam Rd.
Mangkon Road
Ratchawong Road
Chinatown
Memorial Bridge
Phra Pok Klao Bridge
Wat Traimitr
Traimitr Rd.
Songwat Rd.
Songsawat
Khao Lam Rd.
Pluetbaram Rd.
Wat Phrathumkhongka
SAMPHAN THAWONG
Somdet Chao Praya Road
Daeng Road
Chiang Mai Rd.
Yotha Rd.
Tha Din
Chao Krung Thon Road
Latya Road
Si Phraya Rd.
General Post Office
KHLONG SAN
Charoen Rat Road
Charoen Nakhon Road
Surawong
Mahesak Rd.
Soi Ratruam Charoen
(New Road)
Oriental Hotel
Silom
Thonburi Road
Sathorn Bridge (Taksin)
Bang Rak Market
Si Wieng
Surasak Road
2nd Stage Expressway
North
Wat Yannawa
Soi Donkuson
S. Samanmit
Trok Saeng Chan
Chan Road
Khlong Wat Chan
Soi Bang Kwang
Soi King Chan
Nam Chao Phraya / Menam
S. Khlongsung
S. Phiphat
T. Saengkee
Wat Ladbua
S. Kasem
Church
Charoen Krung

A
B
C
112
1
2
3
4
5
6
National Stadium
Siam Center
Siam Inter-continental Hotel
Rama I Road
Mahboonkrong Center
Scala Theatre
Lido Theatre
Siam Square
Siam Theatre
PATHUMWAN
Krung Kasem
Hua Lamphong (Main Railway Station)
Charat Muang Rd.
Charoen Muang Road
Rong Muang Rd.
Charu Muang Rd.
2nd Stage Expressway
Noppawong Rd.
Krung Kasem Road
Thong Road
Ban Thad
Chulalongkorn Stadium
Chulalongkorn University
Henri Dunant Road
Phaya Thai Road
Samyan Rama
Rama IV Road
Pluetbaram Rd.
2nd Church of Christ
Maha Nakhon Rd.
Si Phraya Road
Saovapha (Pasteur) Institute (Snake Farm)
Sap Road
Naret Road
Surawong
Jim Thompson's Thai Silk
Phat Phong Rd.
Silom Road
Surawong Road
Decho Road
Liap
Bangkok Christian Guest House
Convent Rd.
Sala Daeng Rd.
Christ Church
BANGRAK
Mahesak Rd.
Khlong Chong
German-Thai Chamber of Commerce
Silom Road
Pramuan Rd.
Pan Road
Surasak Road
Road
North Sathon Road
(Sathom Nua Road)
Khlong Sathorn
(Sathom Thai Road)
South Sathon Road
Soi Phra Phinit
Soi Suan Phlu 1
Nonsi Road
Khlong Chong Nonsi
St. Louis Church
Soi Saint Louis 3
2nd Stage Expressway
SATHO
Wieng
Rd.
Songkhro
Akhan
Soi Wat Prok 1
Soi Yen Chit
Soi Saint Louis 3
Liap Khlong Chong
S. Praphan
Chan Road
Soi Ke
Nonsi Road
Soi King Chan
Soi Chaloem Phon
Soi Chanthpathip
Wat Phai Ngoen
Soi Mit Samphan
Soi Phra Mae Mari
Road
Sathupradit
Soi Thep Sathian
Wathana

D
E
F
113
1
2
3
4
5
6
World Trade Centre
Ratchadamri Road
Soi Chit Lom
Soi Som Khit
Nai Lert Park
Wit Thayu Road
Swiss Embassy
Chalerm Mahanakhon Expressway
1 Soi Ruam Rudi
Soi Nana Nua
5 Soi Loet Sin
7 Soi Loet Sin
9 Soi Ruamjit
11 Soi Chia Yot
13 Soi Saeng Chan
15 Soi Puam Chai
International Church
Phloenchit Road
Sukhumvit Road
19 Soi Watthana
Soi Asoke - Sukhumvit 21
Soi Lang Suan
Soi Ton Son
(Wireless Road)
Soi Ruam Rudi
Soi Phasuk 2
Soi Nan Tai 4
Soi Chai Saman 6
Soi Prida 8
Soi Saen Samran 10
Soi Suk Chai 12
17 Soi Sam Ban
Soi Phraek Samakkhi 14
Kamthieng House (Siam Society)
Holy Redeemer Catholic Church
Calvary Baptist Church
The Evangelical Church
Lumphini Park
Baptist Church
Khlong Phai Singto
Polo Club
Soi 16 Yaek Sam Mit
KHLONG THOEY
Wit Thayu Road
Lumphini Stadium
National Conference Centre
German Embassy
Goethe Institute
YWCA
Austrian Embassy
Soi Attakarn Prasit
Saphan Khu S.
Suwan Sawatdi S.
Rama IV Road
Ratchada phisek Road
Soi Phaisingto
Soi Nantha
Soi Ngam Du Phli
Sunthon
Khlong Toey
Chua Phloeng Road
Khlong Toey Market
Kosa Road
Express Transit Organization
Yen A-Kat Road
Soi Yen A-Kat 2
Chalerm Mahanakhon Expressway
S. Ton Son
Nonsi Road
Linchi Road
Port
Mae Nam Chao Phraya / Menam
500 m
117

In diesem Register finden Sie alle beschriebenen Sehenswürdigkeiten (Abbildungen kursiv, Hauptnennung halbfett), Restaurants und Hotels.

Sehenswürdigkeiten

Altstadt **24**, 62
Amulettmarkt 56
Ancient City 35
Ayutthaya 11
Bang-Rak-Markt 56
Chao Phraya 6, **32 f.**, 73, 77, 86
Charoen Krung Road **27**, 89
Chakri Maha Prasad 20
Chatuchak-Blumenmarkt 56
Chatuchak Park 22
Chinatown **25**, 71, 89
Chitralada Palace 19
Damnoen Saduak **23**, *50*
Democracy Monument 13, **17**
Diebesmarkt (Nakhon Kasem) **56**, 89
Dusit-Viertel 26
Dusit Zoo 33
Emerald Buddha 21
Erawan Schrein 17
Giant Swing 31
Golden Mount **31**, 77
Indisches Viertel 26
Jim-Thompson-House **17**, 88
Kamthieng House 17
Khao San Road **27**, 63
Königliches Barkenmuseum 35
Königspalast 12, **19 f.**
Krokodilfarm 33
Lak Muang 18
Lumphini Park **22**, 74
National Art Gallery 36
Nationalmuseum 11, **36**, *37*
Nationaltheater 81
New Road 27
Oriental Hotel 11 f., **18**, 64
Pahurat-Markt 57
Pak Klong Talaat 57
Patpong 8, 81, 89
Phallusschrein 18
Phra Thinang 33 f.
Pratunam-Markt 58
Rommani-Nart-Park 22
Sampeng Lane 28
Sanaam Luang **23**, 71, 74, 76, *77*
Sathorn Road 11
Schlangenfarm 33
Siam Square **27**, 88
Silom Road 11, **28**
Soi Lang Suan 8, **28**, 79
Soi Sarasin **28**, 79
Suan Chatuchak 58
Suan Luang Rama IX. Park 23
Suan Pakkard Palast 22
Sukhumvit Road **28**, 83
Talaat Kao 58
Tempel der Namdhari Sikhs 29
Thewes Market (Blumenmarkt) 58
Thonburi 10, **24**, 27, *57*, 87
University of Chulalongkorn 18
University of Thamasat 18
Vimarnmek-Teakwood-Palast 22
Wat Arun 10, **28**, 77
Wat Benchamabophit 10, **29**
Wat Bovornives 11, **29**
Wat Intharam 87
Wat Khaek 29
Wat Mangkon 89
Wat Pho 11, *14*, **29**, *30*
Wat Phra Kaeo *4*, *10*, 11, **19 f.**, *20*, 74, 76
Wat Raja Orot 87
Wat Rajapardit 30
Wat Sakhet 31
Wat Sangkchai 87
Wat Suthat 31
Wat Traimitr 31
Wat Yannawa 31

Wochenendmarkt 58
Yaowarat Road 5

Restaurants
Ambassador Food-Center 42, **48**
Art House Restaurant 45
Baan Kanitha 47
Baan Thai 47
Ban Bung Garden Restaurant 47
Ban Chiang 47
Bussaracum 47
Cabbages & Condoms 48
Café India 46
Chez Daniel Le Normand 46
Coca Restaurant 45
Genji 46
Himali Cha Cha 46
Hoi Tien Lao 45
Italian Pavillon 46
La Tache 44
Le Dalat 49
Lemongrass 47
Lord Jim's 44
Mahboonkrong Center 49
Mayflower 45
Na Phra Lan 47
New Kobe 46
Normandie 44
Paulaner Brauhaus 46
River Side Co 49
River Sun Cruise 49
Royal Dragon Restaurant 48
Sala Rim Nam 47
Salathip 47
Savoey Seafood 48
Scala 45
Seafood Market 48
Shangarila Restaurant 45
Shogun 46
Silom Village Trade Center 48
Spice Market 47
Suki Hi-Tech 42
Sunflower Restaurant 45
Takasago Sushi Restaurant 46
Tassaneya Nava 49
Than Dinh 49
The China House 44
The Khanab Nam 49
The Royal Kitchen 44
The Whole Earth 48
Tum Nak Thai 48
Wanfah Cruise 49

Hotels
Airport-Hotel 67
Ambassador 65
Asia Hotel 67
Carlton Inn 69
Comfort Inn 68
D & D Inn 69
Dusit Thani 65
Fortuna 68
Grand Hyatt Erawan 64
Grand Tower 67
Hilton International 64
Holiday Inn Crown Plaza 65
Impala 67
J. + Joe House 69
Le Meridien President 66
Manhattan 68
Marco Polo Hotel 69
Mido 68
Nana 68
Narai Hotel 66
Newrotel 68
Oriental **18,** *60,* **64**
Prince 68
Ra-Jah 68
Rama Gardens Hotel 66
Regent 66
River View Guest House 69
Royal 68
Royal Orchid Sheraton 66
7 Holder Guest House 69
Shangri-La 64
Siam City Hotel 66
Siam Inter-continental 66, *67*
Stable Lodge 69
Tara Hotel 68
The Mandarin 65
The Majestic Palace 67
The Mansion Kempinski 65
The Menam Hotel 65
The Park Hotel 68
The Peninsula 64
The Royal River 66
The Sukothai 66
Top Guest House 69
Viengtai 69
Woodlands 69

SERVISUM 030-3482086
VISUM-AGENTUR Botschaft: 7948110

Was bekomme ich für mein Geld?

Die Umrechnung von Mark in Baht ist anfangs gewöhnungsbedürftig. Faustregel ist: Baht geteilt durch 16 ergibt den Preis in Mark. Währungseinheit ist der Baht zu 100 Satang. Es gibt Banknoten im Wert von 1000, 500, 100, 50, 20 und 10 Baht, Münzen im Wert von 5, 2, 1, 0,5 und 0,25 Baht. Der tägliche Wechselkurs wird in den Tageszeitungen abgedruckt und gilt überall. Schwankungen ergeben sich aus Kursänderungen des Dollars. Obwohl es eine Großstadt ist, kann man in Bangkok günstig Urlaub machen. Für 8 Baht kann man vom Orientalhotel bis zum Grand Palace mit dem Expressboot fahren; für 10 Baht kann man die meisten Wats besichtigen; für 25 Baht in einer Garküche speisen; mit 40 Baht fährt man mit dem Tuk-Tuk vom Oriental bis zum Siam Square. Für 60 Baht können Sie in einem Mittelklasserestaurant speisen, für 150 Baht in einem Gästehaus übernachten. 200 Baht kostet die Fahrt mit dem Taxi von der Innenstadt zum Flughafen. Eine falsche Rolex schmückt für 350 Baht das Handgelenk. Für 3500 Baht gibt es eine Übernachtung im Luxushotel.

Mit Kreditkarten kann man in vielen Restaurants, Geschäften und Hotels bezahlen. Beim Umtausch von Reiseschecks benötigt man einen Reisepass.

DM	Baht	Baht	DM
1	16,26	10	0,61
3	48,78	50	3,07
4	65,04	75	4,61
5	81,30	100	6,15
10	162,60	150	9,22
20	325,20	200	12,30
30	487,80	250	15,37
40	650,40	500	30,75
50	813,00	750	46,12
60	975,60	1.000	61,50
70	1.138,20	1.250	76,87
80	1.300,80	1.500	92,25
90	1.463,40	2.000	123,00
100	1.626,00	2.500	153,75
200	3.252,00	5.000	307,50
300	4.878,00	7.500	461,25
500	8.130,00	10.000	615,00
750	12.195,00	15.000	922,50
1.000	16.260,00	20.000	1.230,00

Bei Zahlungen per Scheck oder Kreditkarte am Urlaubsort werden obenstehende Kurse zu Grunde gelegt (Stand Oktober 1999)